讓生命潛能 帶你探索心靈世界的真、善、美
Life Potential Publishing Co., Ltd

Caroline Myss

凱若琳的人格原型書

Archetypes: Who Are You?

10種人格原型認識你是誰

凱若琳・密思 Caroline Myss◆著　林瑞堂◆譯

目錄

推薦序——

讓生命，走進靈魂的覺知裡

陳盈君

「我是誰？我究竟是誰？」

「為什麼我常表現出自己不想表現出來的行為呢？」

「我渴望與人的連結，但似乎又常常把人推得遠遠的……」

「我想知道，從事身心靈的能量服務工作，適合我嗎？這是我靈魂的使命或任務嗎？」

「為什麼我目前的生活會變成這樣，我到底傳承了原生家庭的什麼部分？」

「我的原型是如何影響我的愛情模式？我想知道……」

一個又一個對自己生命充滿好奇的人，來到我的面前，探索自己的靈魂藍圖，所有人都渴望認識自己內在的人格原型，渴望了解自己在生命中的原型。

多年來我致力於原型卡的教學推廣及分享，經過統整這些實務的解讀經驗來看，大多數的人最關心的也就是這三個核心問題：

一、我的原型在過往經歷中是如何形成的。

二、我的原型如何影響現在自己的生活。

三、我如何能夠用自己舒服的原型創造未來。

原型，可以說是每個人內在的神話，是一個生活的劇本，一代一代從祖先承襲下來文化脈絡與行為模式，我有時喜歡稱它是一組根深柢固的內在信念，這樣的信念會轉化成一種慣性模式，在你做決定的時候影響你、在你的人際互動中影響你、在你與各種人事物相遇的時候影響著你，影響你的想法、情緒與行動。而知名心理學家榮格則提出「原型」的概念，將人性的心理透過基本典型的樣貌組合，來詮釋現實生活中所發生的人物與事件。譬如：母親、父親、小偷、教師、孩童、戀人、救世主……等等，經由名詞或者事件的理解，讓真實的面貌重新連結到簡潔又深刻的對應，且搭配「時間同時性／共時」概念，作為圖卡藝術媒材的療癒運用提供一個心理學上的學理基礎。

凱若琳・密思博士，結合榮格原型的概念，將光明屬性與陰影屬性放入每個原型當中，以74張原型卡來呈現出每個原型的完整面向。後來，運用星盤十二宮位的十二個主題，探索出生命中十二個大議題的人格原型，據此發展出一套完整的神聖契約（Sacred Contract）解讀工具。這些工具，都在協助大家從潛意識層面探索自己，發現自己是如何被集體潛意識影響著。

二〇一三年，密思博士的原文書《Archetypes》在賀氏書屋出版，很開心生命潛能出版社在二〇一四年就把這麼好的書籍以中文化的方式引進台灣，讓「原型迷」能有福氣以更容易理解的方式來學習吸收與探索自己。而本書的架構，更創新的結合了靈性層面，以全新的十個原型模式，反映我們這個時代的力量潮流：

1. 倡導者（Advocate）
2. 藝術家／創造者（Artist/Creative）
3. 運動員（Athlete）
4. 照顧者（Caregiver）
5. 時尚者（Fashionista）
6. 知識分子（Intellectual）
7. 女王／總裁（Queen/Executive）
8. 反抗者（Rebel）
9. 靈性追尋者（Spiritual Seeker）
10. 遠見者（Visionary）

其中，密思博士又將每個原型的內涵都以不同概念來分類，讓讀者更能清楚理解，這十種原型都包括了有這些層面：生命旅程（Life Journey）、獨特挑戰（Unique Challenge）、生活挑戰（Lifestyle Challenge）、宇宙課題（Universal Lesson）、決定性恩典（Defining Grace）、內在陰影（Inner Shadow）、男性同儕（Male Counterpart），以及神話（Myth）。

最吸引我的，是非常實用的：辨認自己的原型（Recognize Your Archetype）測驗，與投入自己的原型（Step into Your Archetype）一系列的生活練習等。

從原型的發現與探索過程中，找到對自己生命的理解與明白；
在明白的背後，洞悉的能力開始出現；
有清晰的看見，就有智慧產生覺知的能力；
在覺知的過程中，更能輕鬆地看待與釋放那些不舒服的模式；
接著，長出了重新看見自己的眼光；
有覺知地活出自己本然的天賦特質，在對的地方發光發熱！

發現自己的原型，就像從靈魂層次認識自己一樣，在幫助每個人對自我人格角色特質的察覺與檢視，進而對未來人生發展、關係互動覺察上有很顯著的效果。發現原來在無意識的行為表現底層，可以透過原型意涵的詮釋，明白自己如何聚焦在生命的各種面向。經由原型的引導，更能夠覺察自己人格面相與心靈狀態。

原型不是永恆不變的。人生的每個階段，原型都會略有所不同，也會因著人生角色的切換與位移，產生不同的原型變化。

目前的我，是一個帶有「遠見者、創造者以及時尚者」原型的靈魂特質，透過直覺看見未來的可能性，以獨特的品味和選擇，開創出一條屬於自己的人生道路。

那你呢？快來打開這本書，讓你的生命，能一步一步走進靈魂的覺知裡！美好、喜悅、豐盛、創意、勇敢，伴隨著你！

陳盈君

- 一九七七年生，在直覺與天賦工作中表達自己，擅長藝術治療媒材與潛意識直覺引導工具。現任左西人文空間主持人、國家諮商心理師、國際催眠師，出版有《珍愛卡》、《oh！圖卡完全使用手冊》、《熊讚卡》、《京都。愛的功課卡》。

前言

自從我二十年前初次讀到克萊麗莎・平蔻拉・埃恩戴絲（Clarissa Pinkola Estés）寫的《與狼同奔的女人》（*Women who Run with Wolves*），便一直對原型著迷。我對原型進一步的認識是來自比爾・墨耶（Bill Moyers）為公共電視網（PBS）所製作的一系列特別報導。不過，要等到凱若琳・密思（Caroline Myss）的《神聖契約》（*Sacred Contracts*），才真正首度開啟了原型的概念，並點出它們如何影響人們生命的各個層面。在這本書問世的十年間，我和任何願意傾聽的人（包括凱若琳）討論原型，而她也成為我的摯友與靈性姊妹。我們在一次她演講的場合相遇。當時，我是「哲學」（philosophy）公司的總裁，這是一間由我創辦的皮膚護理公司。活動的主辦者邀我贊助，當時我立刻答應，前提是我可以私下與凱若琳見面，好談談我一位病重的朋友戴娜・李維（多才多藝的凱若琳其中一項天賦就是直覺療癒）。我很感謝那次會面相當成功，因為凱若琳和我從那時起便建立了密切的關係。

時間快轉到二〇〇九年，我接到一通來自「哲學」公司收購者的電話。他們說不再需要我的創意服務，不過只要我不去干涉新任總裁，我就能保有執行主席的榮譽頭銜。我感到心碎與羞辱，不僅辭職，接下來幾個月都在床上埋頭痛哭，感覺自己好失敗。那通電話奪走我的身分。不過現在想來，那通電話是我遇過最棒的事。

大約一個月後，我像所有手上有空閒時間的女人一樣，開始整理自己的衣櫃。

我坐在地板上，整理自己多年以來累積的禮服。我喜歡的一堆都是「藝術家」風格的衣服：有女人味、輕飄質感、藝術家氣質、飄逸。另一堆衣服則是「遠見者」風格：許多相同的鞋子、褲子與T恤，都是一次買個十幾二十件那種。另一邊則是一堆昂貴、量身訂做、珠光閃耀的「女王」戰甲；這類衣服超多，但每一件我都討厭，也清楚記得每次穿上它們所感受到的不舒服。同樣還有一堆「照顧者」的媽咪彈性衣。這些服裝都不是我，但它們主宰了整個衣櫃的地板。

我坐在那裡，看著自己一生的故事透過衣服展現，一時靈光乍現，擊退我的絕望，於是我的第三家公司「原型」（Archetypes, Inc.）誕生了。

彷彿那位構思哲學的「遠見者」從長眠中甦醒。我所看到的是一堆堆不同的原型。某些符合我的真實原型，但多數並不相符。我開始思索自己在過去的十年中，如何偏離並努力調適成一個並不是我的原型（照顧者）。我思索自己如何一方面扮演「女王／總裁」的角色，一方面卻從未真心接受那樣的角色，尤其是穿上這個角色所需的服裝時。

從那一天在衣櫃地板上所做的演練中浮現的真理就是：我感到的空虛（儘管我已取得相當的個人與專業成就）正是來自於我並未活出自己的原型。

回顧過去，我了解到自己所遭受的並非身分被奪，而是原型危機。「女王／總裁」已經死去，但是創建「哲學」公司的那位「創造性遠見者」仍然活著。更重要的是，我下一場冒險一直都在眼前。我想要創造一個社交平台，讓人們能學習「原型」這個有趣的主題，讓人們知道原型如何改變生命與人際關係。「原型我」（Archetype Me）將會幫助人們看出個別原型的光譜並做出更有力量的選擇。

這間新的公司讓我有機會與凱若琳．密思合作。凱若琳將原型的力量教給學生，時間已超過二十五年。現在，透過這本書，她將要教給你。你會發現原型如何從出生的那一刻便形塑著我們的生命。你會知道為什麼某些人物、衣服與人際關係是如此契合，而某些則讓你不舒服。你將第一次能夠看著自己的衣櫃、住家、生涯、以及主要的人際關係並且捫心自問：「我是否活出自己的原型？」換句話說，我是否活出註定要活出的生命——屬於我的真正自我的生命？

有關原型最美好的發現就是，它們會讓你領悟到「同時性」（synchronicity），也就是讓你覺知到生命中出現的朕兆、象徵、充滿意義的巧合，並讓我們立刻注意。它們會告訴你該停止、前進、或者按兵不動。然而，無論你直覺感受到的指令為何，你都需要傾聽。注意這些朕兆所帶來的祝福或警訊，會為你帶來深刻的力量。隨之而來的就是生命中一個又一個出現的奇蹟。

對我來說，發現原型就是這樣的奇蹟。認識凱若琳是另一個奇蹟。我希望對你也是如此。

以恩典與感恩之名

克莉絲汀娜．卡莉諾（Cristina Carlino）

紐約，二〇一二年

引言

我一直相信，除非我們了解原型，並了解自己個人的原型，否則我們不可能認識真正的自己，因為原型正是我們看待自己與周遭世界的心靈透鏡。我們所形成的社會致力於認識人類如何在心理上運作，想知道是什麼讓我們變成現在的模樣，而什麼又能讓人療癒。這些問題喚醒我們內在的需求，讓我們不僅要覺知到原型影響我們，更想知道它們如何表現在個人的生活中。原型，正是新的力量語言。

就在我著手寫作另一本書的過程中，克莉絲汀娜．卡莉諾要我停下手中的工作來寫這本書，同時為她正在建置的網站提供協助。克莉絲汀娜向我描繪她心中的人際網絡——她稱之為「原型夥伴」（**Arch-e-mates**）——讓人透過彼此的原型模式來進行連結。她預見了無限的可能性，能影響人們改善健康、人際關係、整體幸福感、甚至是全世界，只要能夠掌握真實自我的精髓。我毫不遲疑地同意了克莉絲汀娜的提議，因為我知道，讓這些資訊廣為人知將可帶來蛻變。《凱若琳的人格原型書》（*Archetypes: Who Are You?*）這本書與「www.ArchetypeMe.com」這個網站將共同構築成一個互動的媒介，讓你進入自己原型的力量之中，運用其磁場來協助自己開啟並完整表現自我生命。

此刻我們的社會需要一次意識的大躍進，需要體認到直覺扮演的核心角色。原型是直覺的語言；我們愈熟悉原型，就愈能清晰地與自己的直覺共鳴。原型透過神話與象徵的語言向我們說話，因此非常適合這個善於運用高科技符碼、即時訊息以及推特（微網誌）來聯繫彼此的社會。唯一差別在於，原型源自我們宇宙性的智慧而非對科技的認知。不過，無可避免的，我們的理性心智將會尋找方式契合直覺的智慧，而藉由原型的媒介，它已經找到了。

原型是通往個人力量的關鍵。我見證了人們喚醒這個力量後所獲得的戲劇性改變。不只一次，我看見人們理解到，他們之所以需要獨處的時間，不是因為他們反社會，而是因為他們具備隱士（Hermit）原型，這促使他們尋找寧靜與單獨，藉此照顧自己的心靈。我觀察到有些人發現自己所以對大自然充滿熱情並非因為他們想離開都市，而是因為他們認同於「自然之子」（Nature Child）——這是自然世界靈魂的原型表現。當你發現何種原型主導自己的生命，你便進入生命的核心，或許也是有史以來第一次有這種體驗，彷彿你終於穿上自己註定要穿上的衣服。

儘管我現在很堅定，相信原型的語言將會成為我們下一個新的語言，但就在不久之前，其實我自己也不太確定。在針對這個主題首次演講的那天，我擔心自己無法清楚說明原型乃是通用的力量模式，出自我們的神話與信仰，而這些神話與信仰也在無形間滲透到我們觀看生命每個層面的角度。由於我知道原型領域有自己的語言，一種與心靈內在領域連結的語言，因此我對這場演講又變得更加遲疑。對我們這個理性、邏輯、科學的社會，有關「力量強大但無法看見」的事物通常難以讓人可信。

不過，令人非常訝異的是，我發現幾個簡單且容易辨認的原型範例立刻就能搭起橋樑，連結我們所處的這個追求實際實用的世界，以及原型的力量起源的神話或象徵世界。我詢問聽眾中的女性：「你們當中有多少人就是知道自己會成為母親？」大多數人都舉手。接著我問：「你們怎麼知道的？」多數人都只是聳聳肩，彷彿說：「我就是知道，因為我就是如此，而這也是我該做的——去當個母親。」

接著我問聽眾：「你們之中有多少人是天生的冒險者？」好多位男士舉手，還加上幾位女士。我又問：「你們有多少人認為自己是戰士？」有更多男士舉手。我很驚訝，因為我以為勝利戰士的故事多半是女性而非男性的幻想。然而，那天我領悟到，許多男性認為幻想自己成為海豹特種部隊一樣的現代戰士是很性感的。

等我開始介紹醫者與隱士這兩種原型，聽眾們不再只是詢問普通的原型問題，而是問「我的原型是什麼？」以及「我該怎麼辨認自己的原型模式？」現場氣氛令人震驚，所激起的好奇心火花是我從未在任何演講聽眾身上見到的。如果我同意，他們可能會在演講廳裡待上一整晚。

後來，我與朋友共進晚餐，我的話題總是圍繞在那個演講廳裡滿溢的熱情。我過去從未教過任何能引發如此回應的課題。原型怎麼會激發這樣的反應？我愈去思考，答案就愈顯而易見：原型模式正是通往真實的你的關鍵。原型就是比你更清楚你自己。當你辨認並開始探索自己的原型模式，你就會認識真實的自我。

原型一直都是人類無意識的引擎，然而人們卻可以活過一生而對此毫無所悉。原型模式就像通往隱祕領域或平行實相的大門。發現這個原型所居住的平行實相，認識自己獨特的原型，這是一種認識自己的方式，或許你也會第一次認識自己。

我希望各位能發現這個內在旅程改變你的生命，因為這正是我的體悟。

凱若琳・密思

橡樹園，二〇一二年

第一章

原型：新的「內在網路」

如果我和你說：「看看那邊那位男士，他是我的英雄」或「那位女士真是完美的母親」，我確信你一定能清楚了解關於這兩個陌生人我想說的是什麼。只需要簡單幾個字——「英雄」與「完美母親」——我便能喚醒你心中兩個完整的神話與象徵資料庫，讓你自動與這兩個名詞連結。不到幾秒鐘，這兩個人對你而言就不再陌生，因為你的內心已為他們披上了故事、神話、還有你自己的回憶。那名男士立刻轉變成無敵強壯的英雄，能夠對抗任何敵手。儘管對他一無所知，但你仍立刻對他感到信任。畢竟，英雄不會背叛他們前去救援的女性——至少在我們知道並喜愛的童話故事中都是如此，不是嗎？

英雄會是「獨行俠」（Lone Ranger）的那種類型：孤身一人、神思專注、只愛一人，因此能虜獲你心（如果他跟其他女人眉來眼去，又怎能是真正的英雄呢）。每個女人都想要一個屬於自己的英雄。無論是古希臘戰士如海克力士、奧德賽、阿基里斯，或是傳奇英雄如羅賓漢，甚至是真實世界的英雄如冒險狙殺賓拉登的海豹特種部隊成員，他們的經歷都讓人著迷。現在我們所欣賞的英雄典範還包括了女英雄，如當今的生態戰士凱倫．絲克伍（Karen Silkwood）與愛琳．布洛克維琪（Erin Brockvich）。她們的力量就是道德勇氣。

男女英雄是當前最受歡迎的電影角色。拍一部蝙蝠俠、蜘蛛人、超人或神奇女超人的電影，那麼首映當週必成為票房冠軍。很簡單：我們不只喜愛自己的男女英雄，我們也需要他們。一個沒有英雄的社會，是個失敗主義的社會。英雄是我們的力量符號，向世界象徵我們是無敵的國家。

同樣的，你也至少有一位英雄。如果沒有，你也渴望一位英雄。你或許不會盼望自己喜愛的漫畫書角色成真，但是有個人可以倚靠——哪怕只是心理上而非實際上——這都是每個希望有快樂而安定生活的人會列的需求清單。我們在某種程度上都需要英雄，因為這存在於我們的情緒DNA。所謂的「人性」也就是我們的「原型本質」。某些特質乃是人性本有的：照顧他人、保護年幼者、忠誠、愛的能力、家庭與家人需要保護等。所有這些與生俱來的人類特質都由原型所代表——那是存在於集體無意識中的普遍且超越個人影響的模式，換句話說，原型存在於物種的心靈，是我們所有人類共同擁有。

想想「完美母親」這個原型。你不需要看到我所提的這位女性，便能想像她的模樣。「完美母親」這幾個字強而有力，尤其在我們的社會中，因為我們已經用商業手法將這個原型加以強化了，遠遠超出它原有的感性意涵。當有人告訴你某位女性是完美的母親，你立刻會想像一位超級廚師，家中擺設一塵不染，會陪孩子做功課，參加他們的運動會，聽孩子傾訴問題，邀孩子的同學來家中作客——還會烤好吃的餅乾。即使「完美母親」這幾個字讓你有痛苦的聯想，回憶起不怎麼完美的成長歷程，你的心中理想母親的投射仍然堅定不移。

那麼這些名詞——英雄與完美母親——怎麼能傳達這麼多視覺、情感、心智與神話的訊息呢？它們之所以有這種力量，是因為它們乃是原型，是無意識心智中的心靈力量模式。儘管原型是同一文化內每個人都有的集體象徵，但是它們也能和我們進行個別對話，因為個人原型模式構成了你我信念、欲望本能、動機、行為的基礎，組織並驅動我們生命中的所有關係。原型是我們孩童時期所認同的力量形象。無論是運動員、藝術家、演員、公主、或是（遺憾地說）犧牲者或吸血鬼，這些都代表複雜的故事與神話，而我們以某種方式想像它們發生在我們生命中。我們受到電影、書籍、電玩遊戲中，代表這些力量形象的人物所吸引。小女孩扮成公主與神力女超人，小男孩扮成蝙蝠俠與戰士。原型認同很早就開始。

隨著成長，我們持續根據這些形象塑造自己的生命，無意識地活出我們的原型。我認為，原型就像我們的能量伴侶。從出生起，我們便活出在自己心靈中活動的原型模式。身為人類，我們喜歡模式，因為它會為生活帶來秩序。我們持續審視我們的世界尋找模式，特別是在他人身上，因為我們直覺知道：如果我們了解某人的行為模式，那麼便能夠了解對方如何看待自己、看待生命、看待我們。舉例來說，如果我們知道某人基本上是個知識分子，那麼我們便能更清楚地認識對方；這解釋了為什麼她喜歡譬如外國電影及歷史偉人傳記等。我會更喜歡自己的朋友，假如他們知道我的原型就是運動員，每日的運動對我的身體、心理與情緒健康相當重要。運動不只是嗜好，而是我核心本質的一部分。

或許你沒有意識到，不過其實從你還是孩提時，便已開始對其他人進行「原型力量判讀」了，只不過你或許認為這是對其他人下標籤或批判（假使是負面標籤的話）。人的觀察就是一種原型力量判讀——掃視陌生人並立刻獲得他們生活的資訊。你所尋找的正是所謂的原型「趣事」——洩漏一個人的性格的普遍特徵。「壞男孩」會有刺青並表現出不好惹的形象。「吸血鬼」會表現出她需要汲取他人的能量。當然，你不會認錯「歌后」，而「秀色可餐」也很明顯，但是「慈善的撒馬利亞人」❶就沒那麼容易認出來了。你絕不知道這種人會如何出現，而這也是此種原型的特徵之一。我們持續下載著這些人的直覺能量圖像，進入自己的原型剪貼簿中。

我們不由得判讀彼此的原型：這是我們直覺生存機制中自然的一部分。我們信任自己熟悉的模式——也就是直覺辨認出的原型。如果不信任某人，是因為我們無法確認對方的原型，或是曾經接觸那種原型的人而不喜歡他們的作為。

我們被設計來「表述原型」，就如我們被設計來爬行、走路、溝通。原型、象徵、神話構成我們的直覺智慧。我們天生便有直覺感應，因為生存需要我們發揮直覺感應。對抗或逃跑的反

---

❶Good Samaritan，指厚道之人。

應，以及高度反應性的「本能反應」，其實都是我們時時仰賴的整體性直覺智慧之一。同樣的，你會直覺地感應或解讀原型，哪怕你沒有意識到自己天生便能夠了解或回應神話與象徵的語言。不過，回想一下，你的想像力語言由神話與象徵構成，而想像是孩童心中最早的語言之一。早在我們運用邏輯與理性之前，我們便已觸及了想像與夢。

在學會閱讀並描述你的世界以前，你便與它有著神祕的接觸。你有看不見的朋友，也想像參觀巫師學習魔法的學校。那對你是真實的，至少有段時間是如此。即使成年以後，你知道這些神祕的地方並非以物質型態出現，但你的心靈仍渴望著它們。它們代表你神聖的心靈空間，是你個人的原型領域。

原型的語言是人類靈魂普遍性的語言，透過瑞士精神分析師榮格（Carl Jung）所謂的「集體無意識」在心靈層面連結著所有人。榮格認為，原型是了解心靈的最基本的導航工具，是意識心智與無意識之間的門戶，能幫助我們成為更加統整的人類。

他也注意到，原型經常與其他原型搭配，這也說明它為何能在不同的個體以多樣化的方式表現。例如，我認識一位女士，她是很明顯的藝術家原型。從童年起便觸及自己的藝術天分，自然且優雅地穿上「藝術家的外衣」。她所做的一切，無論是衣著或餐桌擺設都很有藝術感。她確實與藝術家原型和諧共存，完全不假思索。

但在另一個我認識的人身上，藝術家原型就混合了其他原型模式，形成一種非常不同的力量單位。他的童年不像第一位所提藝術家那麼富裕，因此他的藝術家表現為挨餓的藝術家，這是一種由羅特列克（Toulouse-Lautrec）與梵谷（van Gogh）而著名的類型。這個人無法完全相信自身的天分，因此自信持續受侵蝕，讓他退縮成脆弱孩童的原型。脆弱孩童與挨餓藝術家相結合，讓他內在經常創造恐懼的敘事。就像一種他無法關機的心靈音響系統，整天持續播放，總在說自己無法在這個世上成為自己心目中的創造性藝術家。最後他返回故鄉，兼職擔任居家油漆與裝修工人。為了養家餬口，他必須修正自己的內在神話，這個內在故事是關於他自己是誰，以及到底發生了什麼事。現在他告訴自己，他會油漆房子直到存夠錢去上自己需要的藝術課程。只要挨餓的藝術家與脆弱孩童原型仍然控制他的內在神話，他永遠無法離開家，因為我們的原型就是這麼力量強大。不過，他永遠都能夠選擇重新激發自己內在的創造性藝術家。唯一阻礙他的就是：他害怕自己缺乏必要的天分，好在高度競爭的藝術世界出人頭地。原型永遠會以各種方式表現——在他身上，居家油漆工作成為一處休息站，只等勇氣來臨。

新興的內在網路

榮格所謂的集體無意識，我會稱之為我們的「內在網路」（Inner-net），那是一種高速、彼此連接的心靈網路，藉由寬廣的原型系統來連結我們與其他人。每個原型都是自己的電腦程式，具備自己完整而獨特的神話、象徵、以及與每個神話相關的文化傳說資料庫。

現在，請觀想地球，想像地球上有好幾億的線在地表交錯，構成高速網路並以無限快速的速率來傳遞所有人類的心靈活動。每個想法、感覺與人類波動，都會即時在這個原型網格上傳遞，同時也傳遞著人類經驗的一個共通元素：力量。你的行為、話語、思想、算計、構思或穿著，都是由心靈力量所推動。力量是每個人類行動中唯一的共通元素，從出生直到死亡。你生命中的一切都是力量的協調，而那樣的力量都是透過這個原型網格傳導。

想想你為何做出某個選擇，又是什麼促使你做出那樣的行動。追根究柢，你的選擇乃是根據力量的計算：此刻我說的話、做的事會賦予我力量還是將力量剝奪？我該保持沉默還是勇敢發言？該誠實嗎？我該根據直覺行動，或是尋求更多資訊？這時我最佳的行動方式為何？哪怕只是針對朋友推薦的餐廳尋求其他人的意見，都可能是個駭人的工作。多數人會這麼想：「最好就唯唯諾諾並跟著大家行動。」

但我們為何將每個選擇簡化為在能量力場網格上傳遞的力量算計呢？因為我們全都相連，都是同一個生命之網的一部分。我們生來便已連接到這個內在或能量力場網格；彷彿我們肩負著裝滿人類經驗所包含的真理與智慧的行囊而誕生。這是我們與生俱來的知識，就像對是非對錯的深刻理解。它存在於我們細胞的DNA內。不過，我們並非一出生便意識到這些DNA真理，而是隨著自己逐漸成熟才慢慢意識到它們。這是神聖的知識，需要被喚醒並且從內在湧現，透過直覺（而非理性的心智）來辨認。如果你曾思索自己生命的真實意義為何，或曾對自己說：「我需要找出對我真的很重要的事物。」那麼你已經啟動了這個程序。那些內在的悸動邀你覺醒並前來尋找更真實的自己。

古老的英雄出發展開典型英雄旅程的故事深深吸引著我們，那其實是發掘真實自我的冒險。當你找到道路以便獲得關於真實自我的神聖知識，那麼你便來到能賦予你力量的所在。這便是真正自我價值的精髓，也是內在探索的寶藏。

想想我寫這本書試圖解答的問題：「什麼是真實的你？」我們都想知道自己是誰，也發自內心地經常探討這個問題。之所以會有這個疑問，是因為我們希望知道為什麼我們獲得了生命這個珍貴的禮物：「我為什麼出生？」這個問題是原型的通道，讓我們轉而渴望更深刻地認識自己。它象徵一個成熟的過程，讓我們不再以自己所「擁有的」來定義自己，而是希望透過自己「能夠做的」、「能夠成就的」、「能夠貢獻的」來認識自己。「我的內在是否有位藝術家？」「我是否生來要成為遠見者？」要深入地認識自己，需要你借助原型的力量前往自己的內在。

與自己的原型及內在網路連結

在這本書裡，會為你介紹內在網路與十個原型模式，它們反映這個時代的力量潮流：倡導者（Advocate）、藝術家／創造者（Artist／Creative）、運動員（Athlete）、照顧者（Caregiver）、時尚者（Fashionista）、知識分子（Intellectual）、女王／總裁（Queen／Executive）、反抗者（Rebel）、靈性追尋者（Spiritual Seeker）以及遠見者（Visionary）。每個原型都是自己原型家族（具備類似模式的原型團隊）的代表。這些概略性的原型家族包含男性和女性。舉例來說，照顧者是照顧家族的領頭羊，而這個家族成員均與照顧滋養有關，包括母親、拯救者、教師、醫者以及陪伴者。同樣的，反抗者代表的原型家族包括不服從者、戰士、英雄。原型家族的所有成員都具備許多共同特徵，但是成員間仍有細微的差異，有時會造成混淆。比方說，人們經常分不清醫者與拯救者，因為兩者本質上都需要回應尋求幫助的人。不過，醫者的啟蒙（所謂的受傷醫者旅程，Wounded Healer's Journey）是醫者所獨有，並非拯救者原型的一部分（不是所有原型都需要透過旅程而進行啟蒙。啟蒙指的是某種神聖儀式，而相關的原型均扮演某種神聖的角色，例如醫治）。受傷醫者旅程是重要的啟蒙過程，相信讀者或許都能體認。

受傷醫者旅程始於一個「傷痛」。這個傷痛或許是重大意外、疾病或生命情境，讓人幾乎失去所有物質財富，只能選擇在壓力下崩潰或是挺身而出。受傷醫者的傷痛讓人面臨奮戰或死亡的抉擇，進而有機會完全改變自己與力量的關係。在那之前，人以為力量來自外在——包括地位、金錢、聲望、安全感以及己身無敵的信念。傷痛摧毀了這些事物能帶來力量的幻覺，展現出空虛以及外在力量的定義只能提供空頭支票。受傷醫者的選擇是放下自己所有關於力量與世俗安全感的信念，發現一個不同的療癒範型。他將理解到，自己的傷痛只能透過與靈魂達成夥伴關係來徹底療癒。

這也解釋了為什麼許多受傷醫者會從可能讓人死亡的疾病或情境中驚人地痊癒。當受傷醫者克服磨難並完成療癒，他便有力量協助他人療癒自己的傷痛。

十種原型

本書的十種原型體現了今日女性主要的力量議題，包括她們對賦予自身力量所感受的內在掙扎。若是在十年前，這份代表性的清單一定不同，而十年後也將會改變。不過，在我們所生活的現今世界中，現代女性或許認為自己是個專業者，就算不是，也肯定希望在世界中找到一席之地。當前對「專業者」（Professional）的定義已經擴展，從過去受僱於某種工作或公司環境，進而包含任何擁有某種技藝或開創以家庭為基礎的事業的人。現代女性也可能視自己為照顧者，無論她是不是母親。她的照顧者特質可能帶有反抗者的傾向，這是因為她必須適應一個讓前代女性完全感到陌生的世界，或者她可能是主導力量為反抗者的女性。今日有許多女性發現自己想要讓世界有所不同，或許是社區的倡導者，或許是生態倡導者（環境保護運動者）——這個原型晚近才在集體無意識中成形（自然之母過去並不需要人類在政治圈中代為發言，但我們所處的現在正是這樣的時代）。女性遠見者此刻也扮演了更重要的角色，以推動社會變遷。有更多女性成為運動員，因為健美和運動已然成為今日世界的主要價值。隨著社會變遷，主導我們內在網路的原型形象也會改變，讓我們對於美麗、力量、生命目標的定義也有所不同。以今日的時尚者

（Fashionista）為例，她們透過衣著、化妝、髮型與鞋子讓我們（其他人）找到喜愛自己的方式。

除了反映當代力量現況之外，本書的這十種原型也體現了現代女性迫切面臨的個人挑戰。個人挑戰之所以和原型有關，是因為它們也源於我們自己的原型模式。沒有人生來就具備健康的自我價值感，但是我們的自我價值感卻引導著我們生活中所做的一切。尤其是女性，要面對的挑戰就是得發展這種內在力量與個人認同感。若沒有這個必要的自我價值感核心，你便無法聽見自己的直覺指引。你不會信任自己內在的知識分子（Intellectual）所構思的新觀念。當你內在的時尚者在你的想像中創造新的服飾與珠寶點子時，你會轉成靜音。你會忽略這些直覺的指引或暗示，將它們當成噩夢，告訴自己「我永遠做不到。如果我失敗了呢？」或是給自己一些出於自我價值感低落的藉口。真實的自我價值感所帶來的正向力量，或缺乏自我價值感的負面效應，都是構成我們生命的力量。

原型透過心靈感應來溝通，它運用了預感、直覺、本能、還有沿著脊椎竄升的「毛骨悚然」等其他身體的感受。我知道如何解讀自己直覺的多樣語言，因為我已經習於這些內在感受。它們不會和五官感覺衝突，而是完美地互補。我的心智仰賴我的直覺，這是一種經過微調的夥伴關係。

原型模式滲透生命的各個層面，因此一定要發覺它們如何在你日常決策與例行事務中表現它們自己。你的原型影響了你的消費習慣、購物方式、買或不買什麼。它們影響你的人際關係，決定你受到什麼樣的人吸引。它們也影響了那些反覆出現的問題：一再出現的爭論、持續在工作中發生的困境、以及其他重複出現的模式。任何反覆出現的事物都指出，何種原型正操控你的生命。

最後，本書介紹的十種原型反映了我們這個時代的集體神話挑戰。我們從未像此刻一樣這麼需要遠見者，因為我們需要構思新的能源模式、新科技、新的環境互動方式。同樣的，靈性也隨著時代改變。對所有受到靈性生活所吸引的男男女女，這個世界本身就是一個新的修道院。今日的靈性修持者經常認為自己的工作便是天職，無論是何種領域。連同運動員、倡導者、藝術家／創造者、照顧者、時尚者、知識分子、女王／總裁以及反抗者（Rebel）一起來看，它們代表了當今原型家族的樣貌。

第二章

你個人的旅程

你愈清楚原型的運作方式，就愈容易觀察到原型如何影響你的念頭、態度、行為、個人的神話與象徵。當你開始探索自己的原型，許多疑問通常也會出現，包括「我到底有多少原型？」在這一章，我將探討人們與原型建立關係時經常提到的問題。

宇宙中存在了多少原型與象徵？

人類集體無意識中有無限的原型。許多原型，例如母親、醫者、英雄等，都是相當古老且亙古常新的原型。也有些是我們在持續演化的過程中創造出來的新原型。網路時代的新原型包括網路工作者（Networker）、駭客（Hacker）、鬼才（Geek）等。這些都是這個時代的表現，因此也可能瞬息由意識消失，如同它們突然出現。不過，它們仍顯示出原型的領域是互動的；只要我們持續演化，那麼原型領域的成員與複雜性也會持續演變。

原型的數量是無限的，我們能為自己創造的個人符號數量也是無限的。譬如，當和某個對我們而言相當特別的人共同做某件事，人們經常會以某個象徵性的小玩意兒來紀念這次經驗。我認識一位女士，她會把餐廳贈送客人的火柴盒帶回家，在火柴盒內頁寫下日期和用餐的場合及原因，然後將火柴盒扔進她在客廳桌上擺著的巨大玻璃碗中。每個火柴盒對她都有象徵意義，不過它們對別人就一點意義也沒有。

幾年前，我開始從自己拜訪過也很喜歡的地方帶顆小石頭回家。第一次將小石頭帶回家時，我不確定要怎麼處置，所以我將它放在客廳一件盆栽的底部。幾年下來，我持續帶小石頭回家，有些是我收集的，有些美麗的水晶與手工雕製的心形裝飾則是禮物。最後，我最愛的植物四周出現一個石頭庭園，象徵著全世界我最愛的地方和人物。這些石頭沒有任何金錢價值，但是對我卻有無價的象徵價值。

我們為自己生活的象徵灌注能量，將意義投射在物件、場所、事件上，讓它們與我們緊密連結。房子原本只是建築物；等到房子變成了你的家，它便收藏了許多或許珍貴或許難堪的記憶。石頭、紀念品、藝術作品、護身符、幸運符、宗教形象，都代表保護或幸運的力量。我們不由自主地進行這樣的儀式，要為物件與場所賦予象徵意義，因為我們與生俱來便需要讓自己四周的世界具有意義和力量。

玩個遊戲：下回你去購物時，觀察你怎麼決定該買什麼、不買什麼。你或許認為當走進店裡，當時你心中已想著特定商品，但無意識地你也尋找並想要重溫某種具有力量的事物。當你找到自己真的喜歡的東西，你會受到吸引，這不僅是尺寸、顏色與價錢都正確，也因為它投射出你想要找到的象徵訊息。這個物件訴說的是「有趣」、「性感」、「成功」、「苗條」或是「充滿力量」？那件衣服是否讓你感覺很好、看起來很美？如果是這樣，那麼你便完成自己的目標：你重新開啟自己「性感」、「苗條」或「充滿力量」的感覺。你找到一件事物來完整投射出你所尋找的力量。

一個人有多少原型？

儘管你或多或少都連結到許多原型，但這並不代表你有無限的「主要」個人原型。如果這樣，你的心靈早就爆炸了。事實上，你有的是自己特有的一連串原型，它們構成你的影響力的內在網路，有時會獨自展現，有時會融合彼此的能量。

如何辨認自己的原型？

你要在自己的故事、模式、恐懼、天分中辨認自己的原型——前述這些都是你天性中的常態。你認為什麼是「典型的你」？其他人如何描述你？（如果願意，你可以問朋友這個問題。你會對自己的發現相當驚訝。）

我們透過原型的模式來知道故事如何發展。這或許是古老的寓言，就像大衛與歌利亞的故事[1]帶來惡霸（Bully）的原型，或者像落難少女這個原型可追溯到亞瑟王傳奇與長髮姑娘的這個童話，後者受困於自己的高塔等待拯救者（Rescuer），或像睡美人等待王子的魔法之吻來喚醒自己。我們都知道這些故事與傳說，而同樣的，我們也知道自己的故事。有些很美、有些是悲傷的、有些是浪漫的、有些帶著創傷。

你很清楚什麼對你而言是真實且永遠都是真實的。例如，你知道自己是不是拯救者，如果是，即便你不想這麼做，你也知道自己會本能地拯救其他人，因為你的原始設定就是要來如此回應。許多拯救者剛開始都是為了愛而拯救，不過在某個時刻如果你的努力被拒絕了（也經常如此），那麼你將會由這個個人的目標中自救，並開始無償地幫助其他人。我們可以用好幾年的時間抗拒自己的原型行為模式，但是原型總會在某一時刻勝出。某些事物會迫使我們面對這個模式，而藉由覺知，我們重新獲得自己的力量。

在探索原型時，你會感覺它們如何透過你表現出典型的模式，並將原型普遍與超越個人的特質融入你獨特的人格。只要練習，你能夠培養「原型之眼」，讓自己抽離以便觀察自己的思想與行為模式，並且清楚地看清自己根據什麼神話來過生活。

另一個發現自己原型的方式就是前往 www.ArchetypeMe.com 這個網站，完成一個簡單且有趣的測驗。

---

❶這是描述一位名叫大衛的以色列牧羊少年人，打敗歌利亞巨人一戰成名的故事。

如何學習辨認其他人的原型？

開始辨認原型的方式就是尋找流行文化中的模式。迪士尼電影中充滿了公主，流行電影中則充滿英雄。不過也有其他的電影完整地呈現了原型。《穿著Prada的惡魔》這部電影的主角米蘭達，正是最標準的女王／總裁的典型；據說這個角色的構想是來自時尚雜誌《Vogue》的編輯安娜．溫托（Anna Wintour）。倡導者也經常在電影中出現，最經典的例子就是《永不妥協》一片的主角艾琳．布羅克維齊以及《姊妹》片中渴望成為作家的史基特，後者由在白人家庭工作的黑人女傭的觀點書寫一九六〇年代美國南方的種族歧視。愛比琳和米妮這兩位黑人女傭則是反抗者。

在社會中的其他地方，我們看到如蘋果電腦的賈伯斯與臉書的祖克伯格，他們完全體現了遠見者的原型，在最尖端的科技和網路領域創造全新的世界。賈桂琳．甘迺迪、蘿拉．布希以及蜜雪兒．歐巴馬這幾位第一夫人之所以讓人感到著迷，是因為她們體現許多重要的原型：女王、照顧者、時尚者。因為我們崇拜運動員，所以讓他們獲得比許多總裁更高的薪酬，也鼓勵我們的孩子像他們一樣充滿競爭力。觀看美國職業籃球員小皇帝詹姆斯、美國職棒大聯盟球員基特與奧運體操選手使我們肅然起敬，因為他們正是自己原型的典範。

你也可以在自己身邊尋找原型。你的老闆是只管數字的知識分子或者更像遠見者？你的孩子是運動員還是藝術家？你有多少照顧者朋友，多少反抗者朋友？那些整天吵著要你做堆肥的隔壁鄰居，她們是虔誠的倡導者或只是喜歡綠色植物？觀察你遭遇的人（無論是家中、職場、或是電視節目裡）是根據什麼原型來運作。人們在臉書上如何呈現自己？他們有意或無意之間傳達出什麼樣的原型？

當你愈來愈習於在身邊的人身上尋找原型，那麼你也愈能夠觀察到自己身上有什麼原型在運作。你是否夢想著要逃離一切？這或許是你的靈性追尋者／神祕主義者的原型要你閉關修行。或者你突然想回到學校？這是你的知識分子想要多讀點書。那麼你的原型的黑暗面呢？或許你的女王原型正與同時也吸引你的國王／老闆原型對抗著。你的孩子是否懇求你別再嘮叨了？這代表你內在的照顧者正轉變成「直升機父母」❷。

我們是否選擇了自己的原型？我們能否改變原型？

我真喜歡這類問題，因為它們暗示有某種宇宙或神聖的力量來決定我們生命的意義與目的。如果不是我們選擇自己的原型，那又是誰呢？如果真的是我們所挑選的，那麼又是誰安排這樣的機會？是神嗎？如果真是這樣，又是什麼時候發生的？一定是在我們出生前吧！

我個人相信，我們生來便帶有生命的功課，而這些功課乃是由我們的原型模式所主導。我將

---

❷在美國，將過度關注自己子女的父母稱為Helicopter parents，形容這些家長就像直升機一樣盤旋在子女四周，隨時空降幫子女解決問題。

這些功課稱為「神聖契約」（Sacred Contracts）——這也是我另一本著作的書名，也是我的教學主題。你的神聖契約所包含的原型，主宰你和個人力量與靈性力量之間的關係，並透過生命各個層面表現。

透過觀察自然以及我對神祕法則的衷心尊敬，我對原型如何降臨到你我身上已有了結論。自然與神聖法則均超越任何宗教，因此它們的規律和力量不受任何世俗的政治或神學所控制或主導。我們從自然法則中學到，生命乃是由各種彼此互動的循環所規範與制約。一切，存在均有其目的。我們人類和世上的一切同樣受到自然法則的規範。我們生命被安排了意義與目的，因為這正是生命的規則之一。

不過，在這些看似無窮盡的領域中，還是有所限制。在某種程度上，我們受到自己原型組合的限制。我們只能在自己「確是」的領域、而無法在自己「想要」的領域成功。我們與生俱來的DNA具備固定的能力、天分、資產、責任、生命挑戰。某些人喜歡說這就是發到我們手上的牌。一出生，原型模式便銘印在自己內在，或許早在子宮內便發生。你無法改變自己主要的原型，不過你可以讓它們的影響更為圓融。你可以將「受傷的孩童」轉變為「神奇的孩童」，不過受傷孩童的根源將永遠跟隨你。也就是說，我們童年的傷痛永遠不會離開，但是我們可以療癒它們對自己的影響。隨著生命更加成熟，我們可以選擇擴展自己的理解範圍，擴及其他人所受的苦，包括自己的父母。如此一來，你便讓自己開放，接收到受傷孩童之外的其他孩童原型。（詳見本書第283頁）

讓我們以另一種方式來看這種原型教導：請想想你自己有哪一部分是你很讚賞的。或許你最愛的是自己內在的「娛樂者」（Entertainer）或是「醫者」或「網路工作者」。你就是知道自己生命的這個部分很行，而且你生來就這樣。你能夠改變這點嗎？你甚至無法想像要去改變，因為內心深處你就是這樣的人。

人不可能像換衣服那樣地改變原型，因為除了符合自己核心的真實樣貌外別無辦法。你的原型模式與你意識與無意識的本質緊密交織，由生命最精細的層面到最顯而易見的部分均是如此。當你逐漸認識自己，你也理解到自己的原型模式以及它們對你心靈的深刻影響。生命會給我們機會看見自己如何運作：愛、痛苦、壓力、孩子誕生、自發的行為、處理失落、表現慈悲。我們在生活中演化、成熟，但都是在我們原型的範疇之內。

你可以假裝成你不是的那種人，但最終你會耗盡繼續下去的能量，因為那並不是真實的你。我就曾經如此，因為我一點運動員的原型也沒有，卻持續在健身房運動。不過，這確實讓我沒去追尋成為奧林匹克運動員的幻想。我當然可以參與運動，但是我的心靈缺乏任何與運動相關的神話。我可以觀想自己賽跑，但那個情景無法激勵我的靈魂，因為我沒有相應的原型。我遇過許多過著「人生喊暫停」的人，因為他們執著於某些不符合他們原型的事物。之中有些想當演員，有些想當企業家。有位女士幻想自己註定會成為偉大的詞曲歌手。不過，他們當中沒有人具備所需的原型，這不僅反映在他們欠缺天分，也反映在機會未曾出現。機會是原型的延伸，而你只能透過你具備的原型來喚醒機會。

原型在人際關係中有何作用？

人們經常提到「磁場吸引」。我們會說自己看到某人的第一眼就受到他的磁場吸引，之後便如何如何。在那樣的時刻，你所經歷到的是某種原型的完全啟動。你感覺內在的悸動，一種經常沿著脊椎上升並散布到皮膚的波動。這是完整的原型磁場經驗。你簡直無法控制自己對你所連結到的那人的熱情，因為這個磁場幾乎可說顯而易見。如果這是情感上的吸引，那麼兩方就是原型伴侶（Archemates）。

磁場是立即的，有就有，沒有就沒有。接著我們就有兩種不同的經驗：磁場吸引與磁場連結。磁場吸引是情感上的，磁場連結則是生命的自然網絡——朋友、家人、社交圈。無論是磁場吸引或磁場連結，都有強度差異。你與某些人具有必要的連結，與某些人則是滋養的連結，與少數人更是親密的連結。沒有人能和所有人建立磁場連結。連結太多的下場就是耗盡能量——包括物質與象徵層面的耗竭。

原型如何與我們溝通？

原型不是天使或內在嚮導，它們不是能和我們建立某種互動關係的實體。一般相信，我們能夠藉由祈禱來和天使及靈性嚮導溝通，而祂們也能透過個人指引來介入我們的生命危機。這裡的關鍵字是「個人指引」。原型不會回應祈禱，也不會提供個人指引。它們是「非個人」的意識模式，是構成人類本質的元素。不過，原型也是我們意識活躍的一部分，會持續與我們所產生的能量火花互動。這些宇宙心靈模式會將舊有的神話升級成更當代的版本，好符合社會的演化。舉例來說，女性神話與夢想中，仍有穿著閃亮盔甲的騎士，不過現在盔甲可能已經變成亞曼尼西裝和賓士車，不再是寶劍與護盾。神話需要反映出當代的服飾風格。然而當我們褪去外衣，看到的還是古老的故事反覆出現。

原型與我們溝通的方式之一就是，活化並鼓舞我們的神話與幻想。假設某些人想像自己是領袖，例如林肯。早在年輕時，他就知道自己生來便是為了完成偉大的目標，因而從童年起這種感覺就敦促他努力學習，讓他經歷種種困難條件，最終成為律師。不過這個職業讓他覺得格格不入，所以他決心從政，因為他想像自己成為政治領袖。當林肯想像自己進入國會，那個內在形象便得到活化與鼓舞。等到林肯真正進入政壇，他知道他已經找到自己的天職與人生目標。不過，要等到內戰發生，當他面臨挑戰、要拯救美利堅合眾國，那一刻他才領悟自己正在完成自己誕生的目標。

原型可以藉由夢境與白日夢中的意象出現在我們面前。榮格所謂的「共時性」（synchronicity）指的是，看似無關的事件之間充滿意義的巧合。安排巧合與共時性事件的宇宙力量讓榮格深深著迷，因為很明顯我們的生命中有些事件具備前述特質，但其他事件則否。他推測我們必定以某種方式參與這些事件的創造，或許是藉由心靈力量與原型模式，不過沒有人（包括榮格在內）能夠確定準確的組合方式。儘管如此，我們仍認為共時性事件比生活中一般的事件意義更加深遠，只是我們得自己判定這些經驗的意義——或者更準確地說，我們得自己將意義投射其上。心中突然想起某位童年好友，這是你三十多年來從未想過的人，結果一小時之後，在過馬路時，這位早已遺忘的朋友竟朝著你走過來。你可以自行決定這次相遇意義是大是小。不過可以確定，多數人都不會忽略這類事件，且非常願意將它們視為原型能量自發性地安排我們人生事件的表現。

原型家族是什麼？

原型家族（archetype families）是共同具備同一力量主題的核心原型團體。例如，照顧家族包括所有表達出愛與關懷之力量的原型：照顧者、母親、滋養者、拯救者、導師。你將會了解，許多原型擁有類似的特質。雖然彼此間的差異可能很微妙，但這些細微差異都有意義，足以讓它們識別出原型。以「伴侶」（Companion）為例，它和「跟班」（Sidekick）不同，因為伴侶暗示某種情緒的連結，而跟班只是玩伴。

本書不可能探索目前已知的每一個原型，不過當我們將許多原型分類為原型家族，你便能從中得知原型的核心力量結構。你或許發現自己和某個原型家族（而非單一的原型）產生共鳴。這並不奇怪（關於以下介紹的十種原型之外的其他原型介紹，請參見原型萬花筒單元）。

學習原型為何有用？

儘管剛開始，你或許抱著好玩的心態來探索原型——當成一場「更認識自己」的冒險——但是探索原型所包含的隱藏力量正是在於「更認識自己」，不過這其實是「真實的自己」。沒有人一開始就知道自己是誰，或為什麼來到這個世界。我們需要深刻地探索，才能獲得那樣的知識。一旦你對自我的最初好奇啟動，你便會開始追尋內在知識：「我是誰？」「我為什麼出生？」「我內在力量的本質為何？」這些不是普通的問題，也不是藉由找到正確的工作或愛人所能解答的。這些都是生命深處的呼喊，呼喚你去發現真實自我，他希望能被你毫不遲疑也無畏懼地擁抱。你的原型包含那個真實自我的銘印。

一位女士曾告訴我：「我需要離開才能找到『自己』。」我知道，她的意思不是「找到我自己」而是找到「我的『自我』」。她已經甦醒並觸及內在本質，觸及了那個超越她人格與日常生活的部分。她發現自己的內在聲音，深知那個聲音完全不同於透過規則與期望來組織自己生活的尋常自我。

我問她：「你認為這次尋找內在自我的旅程，會讓你發現什麼？」

她說：「我一直想成為藝術家。我知道我是藝術家，但我從未給『自我』機會去進行藝術創作，因為我告訴自己不會有人認真看待我，所以我又怎麼能認真看待自己？但是我感覺自己彷彿過著虛構的生活，活在謊言之中。我再也受不了了。就算挨餓我也不在乎。我寧願有飢餓但真實的生命，也不要活在富足的謊言中。」

一旦遇見自我，這位女士遇見了自己的藝術家原型。她不再能繼續過著自我背叛的生活，將自己不去實現原型命運的選擇怪罪他人。

認識自己的原型還能在哪些方面幫助我們？

過去我以教師及直覺治療師的身分協助過數千人，也因此我逐漸相信，檢視自己的神話和檢視自己的身體同樣都是維持良好健康所必須。源自你人生計畫的失望、頭痛、生命危機很難療癒，這不僅是因為它們造成外在的混亂，更因為它們打破了你的神話。的確，有時從身體上的危機復原遠比從神話危機中復原更容易。如果你不知道自己正處在神話危機中，那麼要從中療癒就更加困難！未獲正視的神話危機，可能蘊含了終生的沮喪甚至是慢性疾病。

「我一直想像自己結婚，有兩個小孩，住在海邊。」一位女士告訴我。她二十五歲時嫁給一名年輕的律師，婚後兩人搬到鱈魚角。結婚六年、生了兩個孩子以後，她的先生在辦公室待得愈來愈晚。你知道結果的，而她的直覺也是，但是她不願承認這個事實。直到被診斷出結腸癌後，她才不得不「傾吐真相」，在此之前好幾年，她都是將謊言往肚裡吞。

她來找我是因為，她想更了解為什麼自己會生病而且無法療癒。那時，她已經離婚，也不再住在海邊。我告訴她我們得討論為什麼她心中「完美的婚姻」會出錯。她此刻用什麼神話來取而代之？

她憤怒地告訴我：「我還是想要結婚、生兩個小孩、住在海邊。我絕不放棄，絕不！他不能奪走我的夢」——也就是神話——「絕對不可以！」

不過世界已經奪走她的神話。她離婚、生病、正進行化療。只是，真正摧毀這位女士的是什麼？是癌症或是神話的破碎？為了療癒，她需要的是新的、更適合她的神話，讓她有理由繼續活下去。

發現自己的原型，就像在靈魂層次認識自己。過去你或許不認識這麼深層的自己，也不知道你的神話與象徵在生命中產生的力量。不過你該認識，因為這些是你心靈的創意引擎。認識它們會救你一命。

如何在不生病的情況下，醒悟自己原型的真相？

醒悟自己原型的真相就是要更加負責，照顧自己內在和外在的需要。你必須學會辨認並詮釋那種語言——它由你自己的符號與神話所構成，也最能讓你產生深刻的回應。

現代人愈來愈自覺，經常透過治療與諮商、冥想與靈修來探索內在的「自我」。我們已經喚醒自己的直覺，現在需要不同的意識工具讓我們引導自己的生命。最基本的工具就是——了解我們是誰以及我們如何在原型層次運作。

認識原型如何有助度過生命轉變？

原型不僅讓我們連結到個人神話、幻想、世界觀，事實上生命本身便是由眾人共有的原型經驗所主導。其中包括死亡與再生的循環——這是拋下某個型態以創造另一型態的普遍經驗。最能代表它的就是鳳凰的神話，因為這種鳥會在火焰中燃燒並由灰燼中重生。

我們都會經歷人生的重大關頭，像是十字路口，要我們做出抉擇，而生命的方向也會因為自己的決定而有戲劇化的改變。同樣的，我們也會經歷原型的轉移，由複雜的原型組合的某一或某些主導原型，轉移到另一個原型。「空巢期症候群」也會觸發這樣的原型轉變。家庭主婦特別會有這種經驗。經過許多年來全心照顧孩子，一旦孩子離家，主導她們生命的原型母親角色就消失不見。有遠見的家庭主婦會透過重新就業、回校進修、尋找其他與照顧孩子無關的興趣來應對這種轉變。這些女性會順暢地轉變到下個階段，而且經常是興奮地進入生命的新階段。不過如果沒有為生命下個原型階段做好準備，那麼有些人將轉變到危機階段，會感覺自己彷彿失去了某部分的自我，而事實也是如此。

我曾看過這發生在因失去配偶而轉變成鰥夫寡婦的人身上。如果死亡發生在晚年或是肇因於慢性疾病，未亡人便可以有段時間能調適自己面對配偶的必然離去。但如果死亡出乎意料，也許是意外、心臟病發作或中風，那麼未亡人便陷入一種無依的狀態。早上起床時尚為人妻子，晚上就寢時卻已成寡婦。當她突然脫離自己熟悉的神話環境，便必須為新的未來尋找新的神話。某些人覺得要放下舊有神話以繼續前進幾乎不可能，因此決定停留在哀悼之中，讓自己依附舊有神話的陰影——因此也依附著悲傷。因為執著於苦痛甚至滋養苦痛，所以未亡人得以暫停孤身一人對生命帶來的改變，讓自己停留在維持已婚狀態的想法上。

當然，我們在生命中也會經驗到燦爛的轉變，包括戀愛、為人父母、以及醒悟到內在自我的力量。生命就是那魔毯之旅的原型，帶我們經歷無盡的冒險——生命本是為了教導我們生命的隱藏真理，讓我們知道自己在宇宙藍圖中的角色。

如何使用本書

本書的設計是要向讀者仔細介紹各種原型，好讓你可以開始辨認是什麼原型在自己與周遭的人的生命中運作。學習原型讓你可以完整連結到它們的力量、和自我建構密切的關係、並且培養對他人更深刻的了解。即使你能立刻和某一種原型產生共鳴，閱讀其他章節仍會使你獲益良多。認識原型的許多樂趣就在於，能夠在生活中辨認出它們。當你觀察人，你會發現自己自動地想著「喔，他很明顯是個知識分子」或「這真是女王會做的事」。

以下每個章節都專門討論一個原型。每個原型都同樣重要：它們是以字母的順序來安排。每個原型的簡介都用不同主題分類，以便釐清其意義：

生命旅程：這個單元仔細描述和該原型有關的特徵與行為模式。

獨特挑戰：這裡介紹由該原型的特徵自然衍生出的問題或挑戰。例如某些原型，譬如照顧者——面對愛，本質上即是被動或接受性的，但其他原型，例如愛人——就比較可能採取主動。專屬挑戰包括認知何種力量驅使著原型，讓它們在個人人格中表現出來。

生活挑戰：此類挑戰來自原型將自己獨特的影響模式導入個人生命的方式。這些影響展現的方式可能是心理的、創造的、或透過個人習慣與儀式。

宇宙課題：每個原型都包含生命課題或靈魂課題，這乃是個人藉由此原型進行內在發展的關鍵。

決定性恩典：每個原型都具備獨特的恩典，也就是神祕力量，能夠為人帶來力量並支持個人成長。

內在陰影：所有的原型都具備在「陰影中」（超乎我們意識覺知）運作的特質。當我們面對這些無意識的陰影層面，便能揭露自己的恐懼與負面的行為模式，這是釋放它們的必要步驟。

男性面向：這一項是描述這個原型在男性身上表現出的獨特樣貌。

神話：指的是與該原型有關的代表性故事，透過這類故事來傳達深一層的象徵意義。

辨認自己的原型：這一項總結各原型的特徵與行為模式，藉此幫助讀者辨認該原型是否出現在自己身上，並構成自己生命的決定性力量。

投入自己的原型：每個章節結束前，都會有一系列的練習來幫助你運用該原型的力量。

在你閱讀本書時，請記得，原型是心靈的創造物。它們不是表面的，而是神祕的。原型不可能準確定義，因為原型模式會自我變形以符合個人需要。兩個具備照顧者原型的人，由於個別生命的經歷與需求不同，原型表達的方式也有所差異。不過，只要你學會如何辨認原型模式，你將能夠審視自己和他人的生命，觀察到原型如何以微妙的方式影響生命。原型或許無法定義，不過它們總是可以辨認。

只要你與某個原型連結，而且你確定該原型乃是真實的你，那麼它便會鼓勵你去尋找其他也在影響你生命的原型。與原型連結是通往真實自我的橋樑，帶你走向真實的你。

你不只是自己的個性、習慣，更不只是自己的成就。你是無比繁複的人，充滿故事、神話、夢想——還有和宇宙一樣大的野心。不要浪費時間低估自己，要敢於夢想，好好運用自己的原型。如果你是藝術家，就去創作吧！如果你是遠見者，就去想像未來需要什麼，然後與企業家合作去冒險生產。運用自己原型的能量來表達自己降生於世的真正原因。生命從來不是只求安全，而是要充實地活到最後。

在原型的領域，內在的財富正等待著你。翻開下一頁，好好挖掘吧！

第三章

倡導者

Advocate

原型家族：倡導者。

其他表現：有機生活者、自然生活者、守護者。

生命旅程：要有意識地提倡正向的社會或環境改變。

獨特挑戰：要找到能讓你發揮自身長處與天分的訴求，不可基於憤怒或個人原因。

宇宙課題：不要因為自己沒辦法做每件事就什麼也不去做。

決定性恩典：希望。

內在陰影：相信其他人必須欣賞自己的工作價值。相信你的工作比其他人的所作所為目標更崇高。

男性面向：倡導者、社會平權推動者、健康戰士。

神話：迫使改變。

行為模式與特質：倡導者會……

- 投入社會、政治、環境的改變。
- 致力於人道議題。
- 為無聲的人發聲。
- 為人權及環境保護奮戰。

生活挑戰：致力於某個訴求會對我的生命造成何種改變？

✣ ✣ ✣ ✣ ✣ ✣

生命旅程

倡導者或許是這十個原型家族中最讓人感到陌生的，這是因為它是宇宙劇場中最新加入的夥伴。之所以成為眾人認同的力量模式，乃是因為一九六〇年代市民意識與社會運動的興起。倡導者致力推動人道議題利益社會，為所有無法為自己說話的人發聲。這個原型的目標是要促成社會、政治與環境的轉變。具備倡導者原型的人，會吸引社會上的弱勢者。無法透過社會、政治或財務管道來彰顯自己需求的個人或團體，會在倡導者身上看到能為自己背負重擔的人。

倡導者幾乎不會懷疑自己是不是倡導者。這個原型彷彿內建了GPS，能夠特別準確地定位世界上需要改變的事物。身為倡導者，你深受社會議題的吸引，因為你生來便是要造成改變，要以某種方式改善他人的生活。「改變原動力」（Change Agent）一詞經常用來描述倡導者，指的是一種出現在此種原型之中的動力，強弱因人而異。改變並不是人人都能張臂歡迎的事物。我們的DNA內似乎內建著某種不願放棄熟悉事物的傾向。不過，改變的內在動力總會獲勝，會褪除舊有事物，創造機會來建構新的系統。倡導者的生命旅程與改變的自然法則緊密交織。

身為倡導者，你的內在燃燒著火焰，在你看到改變世界的方式時便會點燃。這個原型付出一切，好讓其他人的生命能夠改善。雖然「倡導者」這個標籤是相對較新的，但是為弱勢者採取行動的衝動其實古來有之。倡導者的祖先可以回溯到幾世紀前。最著名的就是廢除奴隸者，他們在美國南北戰爭前便已為消除奴隸制度而奮戰。另外還有十九世紀、二十世紀初提倡童工制度改革的各個委員會，以及所有為了女性投票權而奮鬥的人們。他們與其他的團體奠定堅實的基礎，讓社會倡權與社會運動能在一九六〇年代的民權運動中爆發，從而帶來新世紀的社會自由，以及幫助美國停止參與越戰的反戰運動。等到社會與政治改變的機會之窗大開，環保與女權運動開始成形。若沒有倡導者原型還有它強大的先行者，我們現在認為是理所當然的社會與性別自由，就將不會成為你我生命的一部分。今日對於這些自由的威脅，正召喚了新一代的倡導者與它們的反抗者親戚挺身而出。

倡導者常見的職業包括：律師、社會工作者、環保人士、慈善家、社區規劃師、作家與媒體人。如果你同時具備遠見者或企業家原型，那麼你也會是成功的商人。而具備反抗者原型的倡導者，或許會為了某個訴求而上街抗議。無疑的，人道對待動物（People for the Ethical Treatment of Animals, PETA）與母親反酒駕聯盟（Mothers Against Drunk Driving, MADD）等運動，都是由倡導者與反抗者所提倡的。

倡導者通常都是善於打動人心的演說家，不過你不能光說不練。這個原型具備活動者的特徵，希望要導正方向錯誤的系統。有許多人致力於與當權者對抗以求正義，將能量投入對抗人權侵犯或層出不窮的生態災難，希望以更有意識的法律規範人與自然的關係來藉此避免。有些倡導者表現這種原型的方式乃是藉由推動都市花園與環保回收計畫、啟發人以更有意識的方式生活。無論倡導者以什麼型態活動，這個原型有明確的目標，亦即促成正向的改變並啟動新的開始。倡導者的生命旅程，便是要成為社會轉變的推動者。

不過，儘管所有倡導者有著同樣的生命旅程，但每個具備這種原型的人都有所差異。在每個倡導者身上，原型特徵會與個人的性格元素融合，創造出獨一無二的倡導者。即使如此，瀏覽這個原型的全貌會讓人知道，多數的倡導者屬於下列三種類別之一：

業餘倡導者

業餘倡導者（hobby advocate）希望做有意義的事，但還沒有連結到能創造改變的方式，或者尚未建立長期或開放性的志業。這不是說業餘倡導者只是外行。絕非如此。如果你是業餘倡導者，你就是社會意識主要的倡導者，構成許多社群活動的基礎。通常業餘倡導者在投入某個計畫前，會先尋找清楚的時程表。你也會尋找不具爭議的計畫。你不是行動主義者，會選擇聚焦在改善自己的社群，而非致力於激進的社會或政治改變。你或許會推動社區花園或托兒中心，組織農夫市集，贊助反霸凌活動，遊說學校提供更健康的午餐，或是為兒童夏令營募款等。你還在學習，因此最在意的不是去處理社會正義，或對抗環境犯罪等大型議題。

全心倡導者

全心倡導者（devoted advocate）將倡導者原型帶往下個更高的層次。全心倡導者名符其實：他們謹慎地選擇一條道路，長期致力於社會、環境、人道、政治或經濟的改變，自願承擔從事這種改變所帶來的個人與財務風險。舉例來說，提倡綠色生活的人不是只在週末才這麼生活。對你來說，採行有機的生活方式代表建築一個小小的太陽能家屋，或者降低現有房子的科技依存度，種植有機作物、回收垃圾、穿著二手衣，駕駛混和動力的車輛或搭乘大眾運輸，同時努力提升人們對綠色生活的認知，遊說相應的立法改革。綠色生活者（organo，有機生活者）致力於永續的生活方式，是真正的先鋒。你比其他人走的更遠，努力奠定基礎好讓這種生活在未來能成為所有意識人類的常態。

全心倡導者的另一種表現方式就是，致力保護古蹟的人。讓人驚訝的是，有這麼多的人走過如此珍貴的古蹟建築或遺址，卻完全沒注意，或是完全不知道讓自己所居住的城市如此美麗的建築有這麼珍貴。美國前第一夫人賈桂琳．歐納西斯便是關鍵的推手，推動了美國最重要建築的保存，包括白宮的重建與紐約市諸多地標（像是中央車站）的維護。歷史與建築倡導者遊說地方與國家立法單位將重要地點規劃為地標，並致力重建它們過去的光榮以留給後世子孫。這些全心倡導者負責拯救了許多前人最珍貴的作品，也因為他們的努力，我們的都市充滿活力與多元建築，而不是只有冰冷的現代建築。

強迫性倡導者

在某些方面，強迫性倡導者（compulsive advocate）是倡導者原型的三種表現中最容易受傷的。強迫性倡導者之所以投身社會議題，通常是因為這些活動能滿足他們個人的情緒需求。群體對社會改變的參與通常會讓成員間充滿許多正向能量，為他人行善通常也會讓自己精力充沛，讓參與者說：「只有在幫助他人的時候，我才感到自己真正活著。」對強迫性倡導者而言，投入某個議題、與熱誠的倡導者同伴相交所帶來的情緒激昂會讓他們上癮。社交的夥伴關係比議題本身更重要。不過最後通常會發展成，時間與金錢投入開始愈來愈像枷鎖而非奉獻，於是強迫性倡導者的興趣開始消退。接著，為了找到抽身的藉口，強迫性倡導者或許會逐漸對這個議題充滿批判，質疑目標、政策甚至是組織的可靠性。然而，一等到強迫性倡導者獲得自由，他們對社交腎上腺素的渴望又會開始發作，讓他們尋找下個議題。這個循環可能無限重複。並不是說強迫性倡導者不真誠；他們多半都是真誠地尋找自己能夠支持的議題。只不過，由於他們主要的動機來自情緒需求而非利他的熱情，因此他們會發現，要致力於任何議題是很大的挑戰。

當然，也有些倡導者沒有完全符合前述的分類，而倡導者也不會永遠停留在單一類別。通常，品嘗到社群活動滋味的業餘倡導者，會想要深化自己對某個組織或議題的投入。同樣的，強迫性倡導者或許會不想在不同團體之間尋找社交連結，而會想選擇一個議題開始認真投入。

獨特挑戰

倡導者面臨許多挑戰，因為這個原型基本的設定就是要辨認出世上什麼需要改變。你會鎖定社會的錯誤、需要修正之處、能夠做的更好的地方、以及造成傷害的人。總的來說，社會之弊病可以列成很長的狀況清單，而多數人根本不願多想。然而，身為倡導者，你與生俱來便對矯正錯誤充滿熱情。你的生命目標是要讓社會成為更好、更人性的地方。這股熱情是你最大的資產，不過，與各類資產一樣，它必須有技巧地管理，否則可能變成負債。熱情結合智慧、天分以及充足的希望，會調配出無人能敵的靈魂。不過，要成為有效的倡導者，在你介入並嘗試改變時，仍需要實際地看待人性與社會意識。想讓世界成為某種烏托邦式的理想世界，將會像嘗試游泳橫渡大西洋同樣無益。這不是說你根本不該活動，而是說別去做註定失敗的活動。同樣的，準備進行社會改變時，必須設定實際可行的目標。不要選擇會讓你耗盡資源或讓你在無法達成時會感到憤怒不已的目標。

對倡導者而言，知道自己的長處和短處，並且實際地評估自己的目標，才能讓你決定自己該或不該投入時間與精力。沒有那樣的清明心智，連業餘倡導者都可能淪於感到挫折與毫無用處。更糟的是，你可能因為自己的憤怒或尚未療癒的傷痛而受到某個議題的吸引。因為自己家人酗酒並經歷痛苦事件，所以參與母親反酒駕聯盟運動，這或許看似恰當並帶來情感的療癒，但除非你能超越自己的個人問題並正視該團體的目標，否則你的痛苦將會找到出口來表現——或許被動、或許充滿侵略性——這對你或該議題都毫無助益。最好先檢視自己是因為議題本身受到吸引，還是因為你想找人見證自己的悲痛或未竟的心事。

倡導者團體不是支持團體。要成為有影響力的倡導者，你必須明智分辨並判斷哪裡符合自己的天分與極限。你的憤怒無法幫助他人；你的遠見與啟發才真正有益。

宇宙課題

令人難過的是，這個世界永遠不缺麻煩——問題需要解決，危機需要處理，人們需要幫助。前景令人窒息。我們心中焦慮：我能做什麼？如果目睹羅馬陷入大火，但手中只有一杯水，最合理的答案是：「把水喝掉，趕快逃跑，因為那已經沒救了！」不過目前我們並不是看著羅馬焚燒；此外在考慮是否參與時，邏輯也不是你最佳戰友。你永遠能說服自己相信小小的努力無益於處理巨大的挑戰。不過，歷史卻訴說著不同的故事，充滿著由微小的行動所帶來的巨大結果，而一個人勇敢地挺身而出也能改變這個世界。記得羅莎．帕克斯（Rosa Parks）嗎？這位美國黑人女性拒絕讓出公車座位給白人。「我受不了一再讓步了」是她後來的解釋。這個微不足道但充滿勇氣的行動點燃了人權運動，而羅莎也完美地表現出倡導者原型的本質。

倡導者免不了會參與某種社會行動。你無須在這世界點火，儘管許多具備這個原型的人也有這方面的天賦。倡導者的課題就是要接受這一點：不要因為自己沒辦法做每件事就什麼也不做。去做你能做的，不要因為你不能做的而卻步。

決定性恩典：希望

如果人類只能被賜予一個恩典，我會選擇希望，因為儘管所有恩典都很偉大，但希望是最基本的。沒有希望的生命幾乎不可能持續下去，但是有了希望，「不可能」也可能克服。希望對倡導者原型而言，是最適當的恩典，因為努力為人類打造新道路的人，正是藉由自己的行動為他人滋養希望。倡導者啟發其他人為值得或必須的訴求付出，好讓世界變得更好，同時在過程中，他們會一次又一次讓希望在我們的心中復甦。

不管倡導者是為了人權奮戰、努力提高生態意識、或是實施永續的商業規劃，事實上，在企圖導入新的思考方式的過程中、尤其當新的觀念威脅舊有觀念時，改變之輪都只會緩慢地轉動。若不是有了希望——希望有更好的明天、希望新的觀念能帶來新的結果、希望人們重視對其他人需求的關注，又有什麼力量能讓真的倡導者繼續前進呢？

正是「希望」這個恩典，支持著人類走過黑暗時代。在經典的希臘神話中，潘朵拉抗命並打開宙斯給她的盒子，因而將所有的惡釋放到世間。不過還有一個東西留在盒子裡——是希望。

希望讓你的內心確實知道自己會度過痛苦的時刻，知道所有困難最終都會結束。希望會用「每天都是新的開始」與「你的生命可以在眨眼間改變」這類格言來滋養倡導者的心。希望會讓你繼續相信奇蹟，哪怕你從未親身體驗。最重要的是，當你、你親愛的人或整個社會需要療癒的時候，你會緊緊抓著希望這個恩典。或許，沒有人能比倡導者更理解希望能有多麼真實且充滿力量，他們持續前進，僅管所有朕兆都顯示某個議題已經無可救藥。

內在陰影

所有倡導者的好意（他們充滿許多好意）都有可能變成負面。由於倡導者是這麼熱情並親自投入自己力挺的社會、政治或環境議題，因此他們可能受制於需要他人讚賞自己的投入。

要如同前面所描述的全心倡導者那樣投入並不容易，因為你的思想、行為、服裝、飲食、以及交通方式都必須符合綠色生活的哲學。如果身為這種生活方式的倡導者，你必須仔細閱讀所有產品的標籤，只購買或種植有機食物（如果找不到還得挨餓），駕駛油電混和車或是騎腳踏車等等，諸如此類。我們不難體會，當倡導者如此努力投入「有意識」的生活，他們可能對不那麼努力照顧環境的人產生批判心態。

全心的人權倡導者或者其他倡導者原型的表現也是如此。投入某個議題當然具有風險，包括希望其他人和你同樣熱情地了解某個議題有多麼重要。有時你會遇到抗拒這些議題的人。其他時候，你需要處理的議題是你自己的。你還是能召集他們來幫助社會朝其他方向前進，也許不是現在而是未來。

然而這是身為倡導者的陰暗面。無論你為自己的訴求做出多少犧牲，你必須謹記在心的是：以身作則。總是有你能再多做些什麼的——總是有人會看到你沒做到的部分，而他們不能或不願意對你的努力表達讚許。要接受批評者有權批評，並請記得，不是倡導者的許多人都不知道，你為了讓他們的世界更好做出了多少個人犧牲、冒了多少風險。有的時候你只能原諒他們的無知。

倡導者另一個陰暗面就是優越感，認為「我做的比起你們做的更有意義」。這種態度可能充滿毒性，讓你與自己致力要協助的人產生分離。請試著記得，每個地方的每個人都正在盡自己的全力。或許這不符合你的標準，但是正如你不喜歡別人說你沒能達成什麼，其他人也不會希望自己的努力被說成一文不值。

男性面向

男性倡導者與女性具備許多同樣的屬性，也面對同樣的挑戰。以倡導者的效度而言，性別無關緊要。不過，倡導者男性表現自己原型的方式有些不同。現代的表現之一就是有機農夫，努力讓自己的農場保持潔淨，不接受財團所強加的基改作物種子。這些追求健康種子與健康土壤的倡導者，很快地演變成「健康戰士」，努力奮戰保護眾人的健康。維持種子不受化學污染的活動已經傳播全世界，許多倡導者也努力冰存健康的種子，因為它們在這個星球上已經日漸稀少。他們的努力也符合愈來愈多消費者要求購買傳統以非基改種子種植的番茄與其他作物的風潮。

倡導者另外兩種男性的表現是環保主義者與人權運動者。具備這些原型的男性通常出現在「無國界醫師」（Doctors Without Borders）、「世界獸醫」（WorldVets，類似無國界醫師的獸醫師組織）與「聯合國志工」等團體中，在高度風險的區域和第三世界國家貢獻一己才能。儘管女性倡導者也在這些議題上奉獻她們的一生，但男性倡導者特別會出現的組織通常是有關社區營造、國家建設、災難救援、建築、應用科技、還有社會正義與環境保護訴求。

倡導者的神話

倡導者的神話在於我們能讓人們改變，或是讓人們了解我們正在進行的工作有何價值。不過，古老的智慧也告訴我們：逼得愈緊，反抗愈強。沒有人希望被強逼著吞下食物。只要你想在家庭、機構、經濟體或社會中導入改變，可以確定那一定會威脅到某些人——哪怕只因為他們體認到你的訊息所具備的力量。

舉例來說，替代能源的倡導者持續面臨政治與經濟的戰鬥。可是，儘管他們輸的次數遠超過贏的次數，他們仍註定會在能源戰爭中獲勝，因為最終，地球仍會耗盡石化燃料。倡導者鼓勵企業家為未來投資太陽能，而他們的努力不會無疾而終。時間一到，改變終將成為唯一的選擇。

當倡導者面臨孤單艱困的戰鬥時，可行的道路只有一條：相信你的訊息。要相信自己能夠走到終點，並且放下尋找他人認同的需求。

生活挑戰

在我們的社會裡，人們害怕承諾；這樣的恐懼是有道理的，因為承諾會改變你的生命。承諾代表投入你的時間、能量、注意力、金錢，因此你需要調整生命的優先順序。換句話說，承諾會奪走你的時間。「承諾是否會改變我的生活方式？」這個問題簡單來說就是「是」。不過，「會以什麼方式改變？」則取決於你個人的處境。然而可以確定的是，你的生命不再只是關於你。如果你認真看待倡導者原型，那麼你生命最中心的焦點與驅動力，將是讓你投注時間精力的那個訴求——或許也包括你的物質資源。

我們的過去從不是害怕承諾的社會。在泰半的歷史當中，人們不太會遇到有誰無法做出承諾的。爾後一九七〇年代，「我的世代」（Me Decade）到來，一九六〇年代最具代表性的對政治與社會正義的關注消退，取而代之的是對自我實現與個人幸福的耽溺。

從那時起，我們與生命本身互動的根本方式就改變了。科技與網路將我們的生命轉變為巨大的能量關係網絡。現在我們衡量自我價值的方式乃是根據個人能量，而我們決定是否支持某個計畫或進入某段關係的標準，是基於它會消耗多少能量，而非根據我們的技能或資源，甚至也不是根據計畫本身的重要性。如果某個計畫或關係需要用上我們大量的能量，那麼我們便會對該要投入或是走開感到遲疑。

就整個社會而言，我們已經集體地將重心由社群與家庭導向的活動（亦即以承諾為中心），轉向強調個人興趣、自我發展、致富的活動。極少數的人願意走出自己的舒適圈，去了解世界哪裡出問題、需要改變，甚至去發現自己的生活方式如何造成環境的破壞。

今日的主導價值觀本身便具有獨特的挑戰，因為它們讓我們相信生命「是關於我自己」。但其實並非如此，古今皆然。生命是關於我們能為他人做什麼。如果你的內在活躍著倡導者，那麼你生來便是要參與我們所生活的這個變動時代，在各方面挑戰著我們創造重大的社會、政治與環境改變。

辨認自己的原型：你是倡導者嗎？

如果具備倡導者原型，你很難不知道，因為你幾乎總是在參與某種社會、環境或政治行動，或者你正考慮要參加。讓我們假設你正忙著生命中其他的原型工作，或許是照顧家庭（如果你具備照顧者原型）或研究（如果你的知識分子原型正努力想獲得學位）。

不過現在，你感覺到某種渴望，想在這個世界做某些正向的事，有所貢獻。你是否具備足夠的倡導者原型來採取下一步並實際參與呢？請參閱以下的「倡導者行為模式與特徵」，看看你是否感到共鳴。

倡導者

行為模式與特徵

- 你會自然地受到社會、政治或環境議題所吸引。
- 你感覺自己有需要讓世界不一樣。
- 你致力於在生命中做有意義的事。
- 你致力於改變社會運作不良的部分。
- 當你看見或聽見人、動物、環境受到不良對待時，你會想採取行動。
- 看見問題，便立即開始思考解決方式。
- 你會受到特定族群或議題的苦難所吸引。
- 你在一個社會行動領域裡工作，例如法律、社工、健康照護或社區發展，或者你考慮將它們當成自己的事業。
- 你對自然災害或其他危機訊息的反應是，思考自己該如何幫助受影響的人。
- 你崇拜那些前往受災區提供人道援助或將問題讓世界社群注意的名人。
- 你為沒有聲音的人發聲。
- 你投入倡導人道主義議題。

投入你的原型：運用倡導者的力量

倡導者的挑戰就是——設法做到你的承諾。針對這個目標，以下的行動可以幫助你找到自己的能量與技能最能有效發揮的地方。

- **規劃要有遠見，執行要按部就班**。想像徹底的改變很好，但是若要能完成事情，那麼處理規模太大的問題往往帶來挫折與失敗。由小處開始，處理當地或熟悉的議題，讓你最初的參與適度有節制。成功來自於按部就班。給自己機會去學習，並藉此建立可信度。
- **人際網絡**。從事活動最能看出人與人彼此間相互需要。倡導是團隊的努力。一個倡導者可以撒網，但是要更多倡導者才能將網拉上岸。從近年來的總統選舉與占領華爾街運動可以看出，當你將社群網絡做最大的運用，那麼協同運作就將成效卓著。不過也別忘記傳統的溝通方式。若你正在募款，面對面的交談往往是讓人參與或付款的最佳方式。
- **做好研究**。在選擇該投入哪個議題之前，傾聽你的直覺。你希望看到什麼問題能夠被解決？是否有哪個領域讓你動心，例如：健康、女性議題或動物權？哪個地理區域最吸引你——也許是蘇丹、海地或阿帕拉契山脈？你有什麼技能可運用來解決問題？或許你不是醫師或發展專家，但你也許有公關或會計的背景，具備科技長才，能與人溝通或運用文字，這些全都是倡導者世界很重要的技能。等到你鎖定幾個組織，可以善用諸如「慈善事業評估網」（Charity Navigator）這類評估非營利組織管理與經費利用的網站核對調查。好的倡導者會明智投資自己的時間與精力。

- **要破除他人偏見**。似乎沒有人想要自家附近有中途之家或是遊民收容所，也因此才有這種「別在我家後院」的心態。可是人道服務總得要有地方，也不是任何機構都像反對者心中所想的那麼不適合當鄰居。如果你除了倡導者原型外還有很強的外交能力，那麼或許你就可以帶來社會改變並讓所有人獲益。
- **你是業餘、全心或強迫性倡導者？**翻回前面生命旅程的部分，看看你最像哪一種倡導者。只要你清楚自己當前（不是明年）能夠提供什麼程度的付出，看看自己的期望是否實在，那麼你就可以免於失望。偶爾在週日發發傳單，業餘倡導者還可以承擔，不過如果是加入並扮演政治運動的關鍵角色，那麼你就要準備好經常熬夜工作並且好幾個星期巡迴各地。你的財務與情緒狀況能否承擔？你的家庭是否會因為你的參與而受苦？
- **是熱心還是怒火？**熱情是倡導者最佳的資產，而因為受挫於非正義或多數人遭忽視所以參與行動也很自然。不過，如果你的活動出自個人的憤恨，那麼你不但無法助人甚至可能造成傷害。在你加入之前，請先熄滅任何怒火，確定自己專注於該團體的目標而非個人的目標。
- **成為自己的最佳倡導者**。假如沒顧好自己，照顧的原型也會失去力量。記得這個基本原則：好好吃、多運動、一切都要均衡。你需要保持最佳狀態，才能守護其他人的權利。

- **拯救世界**。有了網路，人總是非常容易在全球各地找到可投入的議題。全球志工網路（Global Volunteer Network）等情報交換中心會幫你聯繫各個區域、各個領域的服務機會。若你仍在找尋自己的天職，你可以在某個議題上投入一個星期，再決定是否長期投入。

要成為倡導者，力量是最重要的；力量是燃料，讓你能在世界工作。你多半的力量來自為沒有聲音的人發聲。以下是你的原型能獲得力量的其他方式——若你失去了力量，也能透過這些方式重新尋回。

在哪裡獲得力量

- **釐清動機**。讓他人生命變得更好的渴望是好的，不過，自我利益會毀去力量。
- **通曉主題**。光有熱情還不夠，要徹底了解你所倡導的領域。
- **要有耐心**。改變會以自己的步調進行。你無法強迫。
- **參與團隊運作**。連聖女貞德背後都有軍隊支持。
- **要抱持希望**。你必須相信自己所做的事，特別在經歷困難的時候。

在哪裡失去力量（及如何重新尋回力量）

- **因為錯誤的原因投入**。倡導工作不是社交俱樂部。專注自己組織的目標。
- **傳播而非擁護**。你不是要讓人皈依，而是鼓舞人改變。你可以用清楚構思、執行良好的運動來獲得更多支持。
- **不實際**。目標設定太高會帶來絕望。放下期望，盡己所能，按部就班。
- **渴望認同**。或許你的工作會得到肯定，也或許不會。無論如何，持續朝目標前進。
- **競爭心態**。不要試著成為比別人更好的倡導者。重視自己的貢獻。

倡導者自我查核清單

- □我承諾為訴求盡力而為。
- □我重視每個人的貢獻，不光是我自己的。
- □我了解羅馬不是一天造成，願意付出時間投入。
- □如果發現自己過於情緒化，我會退一步，直到自己能以平靜清晰的心態行動。
- □我清楚其他活動者正在做什麼，好讓彼此能為同一目標共同努力。

結語

歷史上從未有過一個如此適合倡導者發揮實力的時候。傾聽自己的心，找到自己的目標，投入其中。

第四章

藝術家／創造者

Artist／Creative

原型家族：創造者。
其他表現：表演者、說故事的人。
生命旅程：培養想像力，探索創意表現的新型態。
獨特挑戰：克服自己不夠原創的恐懼。
宇宙課題：不要貶低或忽視自己的天分，要發展自己獨特的藝術天賦。
決定性恩典：創意。
內在陰影：害怕自己平庸，害怕自己藝術天賦不被肯定，或因為自己選擇不去發展內在藝術家／創造者而感到憤怒。
男性面向：藝術家／創造者是陰陽平衡的原型，能讓陽性與陰性能量平衡。
神話：如果我追求藝術生涯，我將永遠無法養活自己。藝術家／創造者性情乖張，過著反文化的生活。藥物濫用是創造性生命所冒的風險。

行為模式與特質：藝術家／創造者會……

- 在周遭看見美。
- 面對觀眾時，彷彿活了過來。
- 能演奏或欣賞音樂。
- 夢想能看見自己的名字出現在暢銷榜單上。
- 等不及要找到自己擅長的藝術表現方式。
- 全心致力於實現自己的創作之夢。

生活挑戰：我能否發展自己的天分並表達自己，或者對失敗與羞辱的恐懼會讓我遲疑不前？

✣ ✣ ✣ ✣ ✣ ✣

生命旅程

藝術家／創造者是最令人著迷的原型之一，因為它對人類心靈與其多重表現方式的演進有深刻的貢獻。藝術家／創造者的旅程需要想像、詮釋、體現常人眼睛所無法看見的事物。藝術家／

創造者原型的所有表現——藝術家、表演者、說故事的人、創造者——都彰顯一種需求，就是要揭露生活的多采多姿，表現自然所呈現的無數樣貌，捕捉美的各種顯現。美是藝術家的磁鐵——創造美，並且在平凡事物中發現美。我們喜愛藝術正是因為，藝術能夠將世俗變得令人著迷、化普通為絢爛。

「藝術家」這個字會讓人聯想到視覺藝術家——特別是畫家與雕刻家。身為視覺藝術家，你的生命目標就是用質地豐富、肌理分明的世界觀，來進行二度或三度空間的思想交流。今日的視覺藝術家有許多表現的途徑可用，包含繪畫、雕刻、素描、版畫、視覺設計、手工藝、攝影與電影。高科技領域無疑也開啟了視覺創意的新可能，也是此類科技出現之前無法想像的。

視覺藝術家來自象徵表現的悠久傳承。早在書寫文字出現之前，人們便仰賴視覺語言，透過素描與繪畫來說故事；這類語言最早出現在洞穴牆面，後來出現在紙張、畫布與其他材料上。天分洋溢的藝術家以大理石描繪他們的神與英雄，或者在彩色玻璃窗與手稿插圖上敘述聖經故事。視覺藝術家擅長融合藝術與象徵，藉此傳達隱藏的力量密碼。視覺藝術家最大的影響在於我們社會與靈性之魂的演進，不過這也只是藝術家／創造者的諸多表現之一。

表演者（Performer）是這個原型另一個重要表現，主要藉由劇場、音樂、舞蹈、戲劇來顯現。如果你具有表演者原型，你會感覺表演是你的熱情、甚至是天職，讓你能用自己獨特的藝術形式來分享內在經驗。表演者渴望自己透過演出或描繪所傳遞的感覺能在觀眾心中點燃同樣的火焰。尤其是演員，他們只要能感覺自己與觀眾心意相通便會充滿活力。身為表演者，你需要、甚至渴望這樣的連結，因為這表示你的表演與天分得到肯定。如果表演者與觀眾之間沒有這樣的互動，前者便會受苦。讓自己的技藝達到完美的表演者，可說已經獲得舞台藝術家的地位。

和許多原型一樣，表演者通常在生命初期就會出現。我認識一位在百老匯擔任專業舞者的男性（他放假時甚至還去上創意即席演出的課程），他告訴我說他「還在穿尿布的年紀就在跳舞了」。在學校，他的雙腳幾乎停不下來，心中會想像舞步而不是專心聽課。高中第一次站上舞台，他便知道自己屬於這裡——也要將一輩子奉獻給舞台。這聽起來很熟悉。原型模式在我們內心深處運作，體現我們所知道的真實自我。有時差不多從出生便開始。

除了藝術家／創造者的外在表現，還有另一種大概所有人都能以某種方式認同的、對藝術本質的深刻理解。雖然你也許不是訓練有素或專業的藝術家，但你幾乎一定有個內在藝術家，具備偉大藝術家所具備的某些或全部特徵：對美的欣賞、表現自己的需求、持續形塑你所生活的世界的想像力。藝術家／創造者原型讓我們渴望尋找或創造美，因為美提升我們的心靈，活化讓我們快樂生活的正向感覺，像是客觀與喜悅。

很多時候，我們會在無意之間受到自己內在藝術家／創造者的影響。例如，有多少次你走進一間房子，心想：「如果這是我家，我會漆成什麼顏色，買不一樣的家具，還要丟掉那些窗簾」？想想有多少次，你看庭院舊貨出售正在拍賣的一件衣服，而你的藝術想像立刻就找到最好的珠寶、絲巾、鞋子來搭配，增添恰到好處的顏色和金光閃閃的觸感。當你讓自己內在藝術家探索那件衣服潛在的可能，它便會很快地精心調協出完美的改變，將不起眼的衣服變成漂亮的裝扮。或者你曾在職場上體驗藝術家／創造者，想像自己會如何執行創意的計畫。如果你具備藝術家／創造者原型，那麼你會情不自禁重塑你走進的任何環境，哪怕只是在自己的心眼裡。你的內在藝術家正是此內在之泉，鼓動著你持續進入想像無限寬廣的奇妙世界，想方設法讓平凡的生活充滿你內心之眼所看到的魔幻光彩。

追根究柢，藝術家／創造者原型的旅程就是自我探索——探索創意有多深，發揮創意的強大力量來改造生命的一切。無論你是專業藝術家或者以更精細的方式體驗這個原型，你創造美、表達自我獨特發聲的能力是無限的，除非你自我設限。在個人旅程中，或許你的藝術表現是透過髮型、居家設計、包裝給朋友的禮物、花額外的時間打蝴蝶結就像藝術作品般。如果你暫停一會兒，想想自己做過獨特的事，那麼你會領悟到這些事物之所以獨特、精緻，乃是因為你已找到方式來將自己獨特的觀點轉化為藝術形式。

獨特挑戰

無論藝術家／創造者選擇何種路線，所有具備這個原型的人都同樣需要面對那種找不到原創表現形式、沒有獨特遠見或聲音的恐懼。在討論構成偉大藝術的特質時，排行第一的就是原創性。追求原創的渴望不僅限於藝術家，而是所有人都有的，因為這是人類基本的需求。這種找到自己原創發聲的需要，換個說法，就是想知道自己此生獨特目的為何，是為了什麼才降生於世。對藝術家／創造者這種原型而言，追求原創性不只是欲望：它還是一種熱情、一種飢渴；對職業藝術家而言，更是他們的動力。原創性變成指標，讓藝術家定義自己的工作，更決定了她（他）自己的身分與價值。

並不是每個具備藝術家／創造者的人都需要或渴望成為職業藝術家。對你而言，創造原創藝術的渴望是否自童年起便鼓舞著你？或者你覺得成為具有原創性的人更重要？某些人——或許也包括你，是活生生的藝術品。或許你的穿著有品味，或許你的頭髮顏色造型大膽，或許你的書桌布置有藝術風格。換句話說，你一邊生活一邊創造藝術。像這樣的人很少認為自己是活生生的藝術品，但你的確正是如此。例如，其他人或許看到你的穿著，心想「我穿這樣就慘了，可是她這樣穿真是好看，真希望我也有她的品味。」

藝術家／創造者在其他人無視之處看見藝術。我記得曾在某個古蹟看到一位攝影師。他只帶著一台相機，外表看不出來是職業攝影師。不過我當下就知道，他不僅是職業攝影師更是藝術家。任何熟悉藝術家／創造者原型的人，都能從他們所選的主題看到這個原型的力量閃閃發亮。我情不自禁想要知道，他從那環繞著我們的衰頹城堡中看到什麼有趣的事物？他告訴我，他看見有些石頭其實是中世紀國王所使用的祕密樓梯的遺跡，而他正等待光線來照亮，好拍攝能引出這種神祕氛圍的照片。只有藝術家才能看著一堆石頭卻觀想到完美的畫面，來傳達出一千三百年的歷史。

話雖如此，我認為原創性這個迷思有時太過誇大。每個人，不只是藝術家，都能夠在生命中發現原創的事物。問題在於你如何辨認出自己原創性的表達方式？而且，等到你能加以辨認，接下來又是如何？助人這麼多年來，我注意到多數人幾乎未曾花時間去發現自己的獨特。人們投入許多能量去探索自己的感受，卻不常用同樣的時間與精力探索自己的潛能。人們反而會驟下斷語說自己沒有天分，或者沒有值得發展的天分，然後便僅止於此。然而，發現自己原創的表達方式卻需要你多一點努力。

首先，你可以先觀察自己如何過生活。想想什麼是你會花時間特別做好的事。或許你善於待客，或許會製作漂亮的生日卡片或讓自己的家有形有色。不要否認自己在這些領域的天分，要承認自己在這些方面是個藝術家。只要你願意投入所需的時間與精力，藝術家／創造者具備潛能將任何天分發揮到更高境界。

宇宙課題

創造者家族成員的課題就是——絕不要貶低或無視自己的天分，要去發展自己獨特的藝術天分。在我們的社會中，把藝術當作職業經常被認為冒險甚至是太過衝動的選擇，而且任何不具金錢報酬的事都自動被當成嗜好。因此，許多業餘藝術家只因為自己未曾賣出一件作品，或未曾公開演出，就忽視了自己的天分。他們害怕將自己的創作展現給大眾充滿競爭性或批判的眼光，因此他們告訴自己還需要更多訓練，或更慘的，他們便將自己的天分完全束之高閣。結果，為了接受自己的選擇，他們告訴自己說其實他們沒有什麼天分。或者他們答應自己，他們「未來」將會回到藝術上，等到他們有更多時間。

我認識太多人，淪於貶抑自己的天分，不願冒險在他人的評斷前展現。我們很難體會天分其實是自己的所作所為，而非自己擁有的事物。換句話說，天分是活躍的——是潛藏在我們內在的能量，只等待一個表現的出口。然而，由於我們用財務報酬率的眼光來觀看天分，認為只要不能透過天分賺錢、它就沒有價值，所以在許多人身上，藝術家原型幾乎沒機會浮現，更別說發展出一個真正獨特的表達形式了。

如果你對展現藝術家／創造者的自己感到遲疑，要記得，所有藝術家都走在發現、表達、培養自己獨特視野的道路上。藝術家／創造者原型的自然居所就在想像力本身，而缺乏藝術家眼光的人會敬畏藝術家美化並改造世界的創造力與能力。

不過讓我們想像我此刻正在直接對「你」說話。你內在的藝術家或許不願意上藝術課程或學習人體彩繪。所以捫心自問：「我內在的藝術家在哪裡？我如何表達那個具備藝術天分的自我？」

我有個非常親近的朋友，這位女士與我相識數十年。她是最標準的藝術家原型，這不是因為她會畫畫或素描，而是因為她做每件事都有品味與風格，不需特別努力便能如此。她是讓日常生活成為藝術最好的例子。我記得有天傍晚我在她家，看著她輕而易舉地準備晚餐、布置餐桌。那是簡單的晚餐、沒什麼特別的——只是義大利麵和沙拉。不過我那迷人朋友的想像力，可沒有「平凡」這個選項。在她布置餐桌時，她將大小不同的蠟燭在桌子中央排成可愛的形狀。接著她到庭院裡，摘了幾片常綠樹的枝葉與松果排在蠟燭旁。等她回到廚房查看義大利麵，我看著她突然又想到個點子。她打開抽屜，抓了一把亮片，回到餐廳並且灑在常綠樹枝葉上，不多也不少。她總是知道怎麼做才恰如其分，這點讓我驚奇。接著她喊全家人吃晚餐，就在她的先生和孩子圍坐餐桌時，她將燈光放暗、點亮蠟燭，播放輕柔的背景音樂。再一次，她似乎無須多想就成就了完美。

藝術千變萬化。即使我們愛別人、照顧別人的方式也能細緻展現，使之成為藝術的表達。生命中的平凡也能化成藝術，只要運用想像力看出它的潛能。這才是藝術家／創造者原型最終極的天賦。

決定性恩典：創意

創意是種能力，讓人能看出某個點子、風景、用色、光線角度、話語的潛能。它是藝術家重要的恩典。雖然將創意視為恩典或靈性天賦會讓許多人驚訝，但事實上它很深奧。創意能夠生產藝術、戲劇、文學、音樂、舞蹈、以及許多各式各樣表達形式，藉此啟發並改變我們。

不過，身為藝術家／創造者的你要如何經驗到創意這項恩典呢？你或許不習慣在生活中思考恩典，更別提去想像創意是恩典的顯現。不過，對創意的本質有些許了解，能夠幫助你與它的力量共鳴。其中一點是，創意活躍在正向的環境中，亦即樂觀的生活方式。儘管我們都會經歷逆境，有時也會遭遇持續數週甚至數月的困難，但是記得在心中留下樂觀與希望的空間，這會幫助你點燃創意之火。

創意也活躍在當下。當我們試圖由過去尋找啟發，創意便開始消失。當你受困於過往的行事作風，你幾乎不可能想像出新的事物。

內在陰影

人性有意思的一點就是我們對「平凡」這個概念相當鄙視。我們願意付出一切，只為了不被當成普通或者平凡。事實上，廣告商正是倚賴這個人性缺點。將對平凡的鄙視與對原創性的熱情結合起來，你就找到了藝術家的黑暗面。如果你經常害怕自己普普通通，那麼你不僅很難催生你的內在藝術家，而且假設世界不能體認到你的特別，那你可能會經驗到很深的憤怒並感到沮喪。或許下面的故事會解釋我的意思。

幾年前在我的工作坊中，我遇到一位罹患慢性沮喪的男士。我注意到他總是在畫畫或塗鴉，所以我問他是不是從事藝術工作。他立刻就表現出高度防禦性，嗤之以鼻說每次他有個原創的概念，他就會立刻在其他地方看到。他的內在故事就是：總有人會在創意的路上走在他的前面，所以他認為任何運用自己藝術天分來競爭的努力，都會是白費時間。不過他明顯已經掌握一種藝術形式——批評的藝術，因為他能夠很快就批判我們對話中出現的每個藝術家與他們的成就。這個人不可能讚美任何一位藝術家，不是因為他們的作品不好，而是因為他們達成了他自己無法做到的事——冒險讓自己獨特。其他藝術家釋放自己的創意，讓創意啟發自己來實現作品。更重要的是，他們願意容忍這件事：世界上不是每個人都喜歡他們的作品。他們敢於活出真正的自己，無論大眾的意見如何，或是否注意到他們。另一方面，我工作坊的那位男士選擇壓抑自己的創意，因為他害怕自己被看成所謂的「另一個江郎才盡的藝術家」。諷刺的是，他其實從未停止尋求他人對他藝術天分的肯定——只是他以否定的方式來表達自己的藝術天分，他成為自己最嚴苛的藝評家。

不過，你如何能消除那份對平凡的恐懼，好讓它不妨礙你創造自己的藝術？方法之一就是想像創意是流經你內在的河流，它所提供你的能量必須導向某種事物。如果你選擇「不」去使用自己的創意，你事實上正在建造一座內在水壩，阻礙你自然創意見解的流動。

正如我們已經看到的，原型是一種衝勁，要求我們給與它們表現。藝術家／創造者原型呼喚你以某種方式去表達自己的創意。你不能等待別人來肯定自己的藝術家原型，好讓你體認自己的天賦。你必須「自己」將天賦導引到這個世界，無論你的世界多大多小。你的天分或許會得到數百萬人的認同，或許只有十個人發現，但這些都沒有關係。重要的是，你認同自己的創意天賦。對藝術家／創造者而言，那才是真正自我價值的泉源。

男性面向

創意的內在衝動沒有性別差異，而且藝術家／創造者原型在男女身上有同樣的表現。任何的差異，基本上都是社會制約的產物。例如，假設你是視覺藝術界的女性，你很可能認為成功代表大眾的認同，但是男性藝術家很可能以金錢與權勢的角度來看待成功。這不是說女性藝術家對影響力或財務成功不感興趣，也不是說男性藝術家不在乎觀眾的肯定。不過，男性還是比女性較容易接受藝術上的競爭，而男性藝術家通常賺的錢多過女性。

藝術史，尤其是視覺藝術領域，基本上就是成功男性的歷史——幾個簡單例子如達文西、米開朗基羅、拉斐爾、林布蘭、畢卡索。這主要是文化因素：直到二十世紀，女性基本上不受歡迎到畫室與藝術教室，而且除非她們的贊助者有權有勢，否則她們得全靠自己。視覺藝術界只有少數女性——如喬治亞．歐姬芙（Georgia O'Keefe）——與男性面向有同樣高度的成就。女性藝術家成功的領域在文學與表演藝術。現代某些片酬最高的明星都是女性。

藝術家／創造者的神話

有許多神話都關係著藝術家／創造者原型，因此也難怪潛在的創造者甚至不願傾聽自己的內在藝術家。幾世紀來流傳一個刻板印象，就是挨餓的藝術家——畫家、舞者、作家或音樂家為了藝術犧牲一切，在小小角落過著入不敷出的生活。想想梵谷、羅特列克、莫札特、愛倫坡、或是《波西米亞人》（*La Bohème*）這部講述藝術生活的經典歌劇裡面任何一位主要角色。

在我的工作中，我已經看到挨餓藝術家這樣的神話會如何讓藝術家／創造者窒息。我看著人走向十字路口，必須審視自己希望如何度過餘生。這種原型時刻讓我們有機會過更真實的生活，依隨真正的自我並完成自己對世界所能的貢獻。在這個十字路口遭遇藝術家／創造者原型的人，通常會切身感覺某種迫切和興奮。他們可以感覺自己內在的藝術家／創造者正吸引自己去注意，渴望能釋放創造潛力。他們渴望讓藝術家／創造者穿透自己日常生活的局限，並讓生命重新獲得尚未使用的力量。可是我也看到這些人轉身或無視，質疑自己：「不過我該如何養活自己？如果這是痴人說夢呢？如果我失去一切怎麼辦？」挨餓藝術家的神話可以讓心靈充滿黑暗的恐懼與負面傾向，說服自己我們需要命運答應自己會成功，不然藝術家／創造者根本不願嘗試。

伴隨挨餓藝術家神話的是波西米亞藝術家的神話——那是具備自由精神、自發、古怪、各方面都偏離常規的藝術家。這個神話中有一點兒可信，因為創造藝術是一種內省的過程，通常需要在工作室或家中書房孤獨地待上很久。儘管許多藝術家／創造者都生性孤獨，而且大多數表演者一下舞台都很害羞，不過也有些人和其他原型同樣平易近人。如果藝術家／創造者想要聚在一起，這是因為他們和大多數人一樣，喜歡靠近興趣相投的人。藝術家／創造者喜歡藉由與其他有創意的人進行觀念與技法的交流，來獲得激盪，因為他們更能理解靠想像力生活所特有的喜悅、挑戰與責任。

儘管幾世紀來，藝術與貧窮都被聯想在一起，但是現代還是有另一個藝術家神話正在誕生：明星藝術家（Starving Artist）。過去，藝術家往往要死後才會獲得名聲與財富，但現代藝術家與表演者還在世時就能用作品賺進大把鈔票。想想美國藝術家及電影導演朱利安·許納貝、英國藝術家達米恩·赫斯特、劇作家艾倫·索金、藝人小賈斯汀與女神卡卡，還有絕大多數的好萊塢影星。這些人的生活一點也不波西米亞；這些藝術家過著光彩奢華的生活。

當然，多數藝術家，甚至職業藝術家，都不是過著和明星藝術家同樣的上流生活。現代創作中的藝術家更為寫實的樣貌或許是：畫家開車載著孩子上學，然後才在畫板前開始工作；在科技業上班的作家在小隔間裡，將自己的小說用電子郵件寄給出版社；女孩們組成樂團然後在主唱郊區住家車庫裡錄製試聽帶。

另一個不願消失的藝術家／創造者神話是酒醉藝術家（Drunken Artist）。歷史上充滿具有創意的人，因為成癮而讓生命與生涯中斷或夭折。海明威、迪倫·湯瑪斯、科特·柯本、約翰·貝魯奇、珍妮絲·賈普林、還有吉米·漢崔克斯都是這樣的例子。不過，沒有證據證明藝術家／創造者比其他原型更容易成癮。近年來，針對各種成癮的十二步驟戒癮計畫如雨後春筍般出現，而許多藝術家都已經戒酒並走向生涯中最具生產力的時期。

生活挑戰

讓我們誠實地說：沒有人喜歡失敗。不過，對於藝術家／創造者而言，尤其是表演者，失敗更特別難吞忍。有許多演員朋友都指出，你只能以最後一場表演論英雄。如果對你的評論很糟，或者戲劇本身很平淡，你或許很難找到下一場演出。對表演者來說，生命有時就像永不停歇的試鏡。

不過，從另一個角度來看，持續地再創新正是藝術的本質，是藝術過程的內涵，也是藝術家／創造者原型的核心力量。藝術家總是尋找更精確、更深刻、更具美感愉悅的方式來傳達自己的訊息。創造藝術是嘗試錯誤的過程，畫了又畫，直到對的形象由失敗的灰燼中浮現。藝術家的挑戰就是超脫對失敗的恐懼，甚至超脫失敗本身，一次又一次地重新開始。

如果這樣想，似乎業餘藝術家是藝術家／創造者世界中最棒的。如果你是為自己創作藝術，那麼你可以輕鬆地玩耍、實驗、亂來、挑選或放棄任何媒材、形式、工具。做的好不好幾乎無所謂。你總是可以換到另一種形式或門類，無須擔心失敗讓你感到羞辱。你的藝術家／創造者能夠使用你的想像力，沒有其他人會大喊：「停下來！別往那裡去！」

不過，事實上每位藝術家，無論是專業的或用心的業餘藝術家，或是生活藝術家，他們全都在某種範疇內工作——至少受到自己所選的媒材本身限制。無論你的想像力有多麼狂野或不受限制，當要將心中的意象轉移到紙張或畫布上，你不得不根據自己藝術形式的規範來運作。無論你的靈魂獲得什麼啟發的訊息，你仍然需要賦予形式。二度空間的畫布、舞台、八度音階、或者押韻的詩行，都將成為你的框架。

即使你的表現形式只是重新布置浴室，壓力也同樣真實不虛。你要展現自己的創造力。你的挑戰是要走上前並將牆壁漆成紫色，相信自己的選擇，哪怕來訪的賓客總是吱吱喳喳說你犯了大錯。

尋找自己獨特聲音的過程一定會有各式錯誤或失誤。然而，創造藝術的偉大天賦之一就是，學會堅持下去。繼續嘗試、繼續實驗、最終你將獲得回報。

所以，藝術家／創造者的生活挑戰不是當面對混亂、錯誤開始、重新再來、又失敗了的時候選擇放棄。一個結果不符預期，不代表你的天分失敗了。天分總在那裡，是準備供你運用的能量。藝術家／創造者原型不是某種只在特定脈絡中出現的事物。你的生命永遠就是你的藝術形式。

辨認自己的原型：你是否是藝術家／創造者？

現在你一定了解到，你不需要是百老匯的明星，或有作品被蒙大都會博物館收藏，才算是藝術家／創造者。的確，某些人從來就只想當藝術家／創造者或是當表演者，並且已經決定將藝術當成自己的職業。藝術家／創造者原型在你內在活躍，而你認為藝術是你的天職。你甚至已經享有某些或很多——讚賞。其他人或許也認同於藝術家／創造者原型，即使你尚未建立出專業聲譽。若你真的具備這個原型，持續投入自己的藝術，那麼某種形式的肯定總會到來。

還有某些人或許覺得自己受到藝術吸引，不過還不確定自己是否能說藝術家／創造者是自己的原型。問問自己：你是否渴望開創新的藝術疆界，能找到自己原創的聲音並與世界分享？如果是，那麼你很可能符合這個原型，儘管你需要時間來精練自己的表現方式，並且思索自己想成為職業藝術家或嗜好藝術家。

事實上，只有少數人會成為世界級的藝術家或表演者，但有更多更多人能理所當然地肯定自己是藝術家／創造者。你或許在更精細的層次體驗自己的藝術家／創造者，那或許是引導你在生活中創造美學愉悅的內在聲音。無論你是否曾拾起畫筆、穿上舞鞋、試著寫詩，藝術家原型都會深刻地影響你的生活，使之豐富，讓你渴望美，讓你熱切地想在周遭環境中顯現出美。創意需要表現。創造的渴望必須滿足。真正的挨餓藝術家指的不是吃泡麵以追尋自己一生夢想的人，而是你自己內在未受肯定、讚美、支持的藝術家。

不過，或許你已經在用某種方式表達自己的創意是也——學彈吉他、拍攝影像故事、花幾個星期整理庭園——不只是種花修草，更清楚規劃植物的種類與顏色。現在，我們該肯定這些「心靈嗜好」就是藝術。它們對你的重要不下於空氣。藝術家／創造者的重要指標之一就是，你不只是認同於自己的創造性，更要肯定自己所創造的事物。對藝術家／創造者原型來說，為自己的創意尋找形式，對生命與存在非常重要。

你或許會退一步說：「好啦，我或許是有創意，不過這就代表我就是藝術家了嗎？」如果還不確定藝術家／創造者是否是你的原型，請檢視下頁的「藝術家／創造者行為模式與特徵」，看看它們是否說明了你的狀況。

藝術家／創造者行為模式與特徵

- 你在四處都看見美——愛人臉頰的弧度、樹蔭邊緣的色彩、陽光灑落在波浪上。藝術與建築中不尋常的事物吸引著你。顏色、肌理、型態帶給你啟發。如果是這樣，你內在活躍著視覺藝術家。
- 你在觀眾面前感到活力。當你演奏樂器、上台演講、說個笑話、跳支探戈，這時你與任何觀看的人進行交流。這就是你的藝術家／表演者正尋找著舞台。
- 聆聽音樂時你的心情飛揚。看著孩童時期的鋼琴，你感到罪惡感帶來的痛。你的iPod彷彿移植到你的腦袋。只要有機會你就想唱歌——發聲練習、和聲、哼哼唱唱——你也喜歡聽到自己的聲音。你內在的藝術家／音樂家試著讓你傾聽。
- 你夢想著看見自己的名字出現在暢銷排行榜。從小你就有寫日記的習慣。抽屜裡塞著你寫的詩或劇作。如果生命出現值得記錄的事物，你的第一個念頭就是要寫下來。毫無疑問，你的藝術家是個作家。動起來，去更新你的部落格吧！
- 你已經準備好要創造藝術，而不只是閱讀或討論藝術。

投入你的原型：運用藝術家／創造者的力量

等到你確定藝術家／創造者原型最能代表你，那麼下一步就是找到正確的載體來表達。如果你已經安排好下一場藝術展，或是定好場地來做樂團表演，那麼恭喜你，已經運用了自己原型的力量。你可以跳過下面的部分。不過，如果你還在思考如何從思索藝術跳脫到真正創造藝術，那麼試著用一小時的時間（或者一天或一個星期）來假裝自己是藝術家／創造者。做些藝術性的事，觀察自己是否感到充滿能量。和藝術家／創造者在一起，吸收他們的創意啟發。無論你內在的藝術家／創造者如何對你說話，要注意並且回應。無論如何，由小地方開始。不要想為一張搖滾樂專輯作曲，先試著寫一首歌。但是，不要只是寫幾個樂段或幾行歌詞，就停下來。如果你是藝術家，你的靈性藝術就是要將自己的天分獻給全世界。繼續嘗試。

你或許想問：「如果我卡關了，遇到創意瓶頸怎麼辦？」倘若是這樣——所有藝術家／創造者偶爾都會如此——你可以暫時改變方向。假設你在繪畫，可以先去讀書、聽音樂。烤蛋糕或幫狗梳毛。打電話給朋友，或起身去散個步，但就是別放棄。有時你內在的藝術家／創造者需要被輕輕推一下才會出現。

或許你還沒開始創造藝術，但是你感覺不安躁動，不滿意自己的生活，覺得還要更多，不過你不確定那是什麼。似乎很可能是你的藝術家／創造者正在敲門。你是否擁有某些早該去發展或精練的天分？你能採取什麼小步驟來連結自己的內在藝術家？多數活躍的藝術家都會列出自己想進行的計畫清單。與口頭說說的藝術家不同的是，他們會由清單上挑選一項計畫，認真且全力投入，就是這樣。去試試看。

如果你還是腳步蹣跚，沒有關係，這次我還能幫忙。以下有幾個建議可以讓你強化創意動力。我的藝術家朋友們向我保證，這些絕對有效！

● **傾聽自己。**關掉所有音樂，將電話轉成靜音，花點時間純粹坐著。讓內在的紛亂停止。你或許會發現一種創造力的空無。因為天性不喜歡空無，因此觀念與啟發就可能湧入。如果你心中有個問題（例如，「我的藝術家／創造者被呼喚來要做什麼？」），那麼坐下來的時候想著這個問題，然後將它放下。你所要做的就是創造空間讓你的直覺告訴自己「真正的」想法。不要在開始不安時就蠢蠢欲動。讓自己的內在眼睛有時間聚焦。或許你得像這樣花點時間，然後直覺才會給你寶物，不過請相信，等待是值得的。

● **回顧你的創意童年。**所有的孩子都充滿創意。他們還不知道社會的規則，也不知道乳牛該畫成什麼顏色。回想你的少年時期，想想你最喜歡做的事。或許是什麼有創意的事——繪畫、素描、打鼓或彈玩具鋼琴、扮家家酒等。或就只是作白日夢。我知道有很多藝術家童年時期都沉浸在想像世界裡的虛構的朋友、怪物與其他生物，然後創造或搬演出他們的故事。我不是建議你讓自己回到童年——藝術是以當下活躍的觀念與意象來創造。不過，了解過去你的創意能量如何流動，能夠幫助你與此刻自身的創意能量連結。

- **逛街**。這裡有個建議我真的可以全力做到：去購物。不是要真的去買東西（雖然如果真有東西吸引你，晚一點去買下來也無傷大雅）。這裡的重點是，為你的想像力樂園灌注一些豐富的刺激。有位作家告訴我，當她感覺枯竭，她會去高級百貨公司逛逛。步調放慢，彷彿正在閱讀。她讓自己的眼睛凝視圍巾、皮包、陳設、戴著奇特帽子或手腕掛滿手鍊的顧客。一個多小時之後，她會回到自己的書桌前。她說幾乎每次一坐下寫作，新鮮的意象就源源不絕，掙扎許久的句子或段落也變得行雲流水。有位藝術家告訴我，他花很多時間在花卉量販市場。他不畫花，畫的是由鮮豔顏色的塊狀油彩構成的大幅抽象畫。他由花卉市場的攤位喧鬧的色彩組合而獲得靈感。

- **找個有創意的工作**。許多藝術家和想當藝術家的人，當他們愈來愈熟悉藝術家／創造者原型，他們會感受到很強的拉力去為自己的職業生活注入更多創意。或許放下一切去繪畫、寫作或學舞，有點不切實際。不過，你可以找個工作或職業，是能夠提供你機會發揮天分的，你或許在求職時發揮創意，把目光放遠到平淡無奇的職務以外的地方去尋找。不過即使是某些看似普通的事物，例如在非營利組織內擔任助理，也可以相當有創意，像是負責裝飾、年度募款活動、更新組織網頁或是設置社群媒體介面等等。

就算你很清楚，藝術家／創造者原型最能代表你，也不表示你一定就能成功找到最完美的方式去表現。習慣性思維與陳舊的心靈模式會在我們不注意時阻礙創意。要完全發展藝術家／創造者原型，你必須知道什麼給你力量前進，什麼會阻礙你。

在哪裡獲得力量

- **有意識地讓自己獨特的藝術想法更完美**，這是你原創的聲音。
- **讓藝術之眼更加銳利**，透過色彩、質地、設計的實驗。
- **讓自己身邊圍繞著能激勵你的創意人士**。
- **完全信任自己的創意本能**。
- **記得自己生來就是為了藝術表現**。
- 藉著投入所有的藝術來**滋養自己的想像力**，不要只局限於自己的藝術媒材。
- **投入文化**並開放心胸接受新的事物。
- **餵養你所有的感官**——味覺、觸覺、視覺、聽覺、嗅覺，這能激發你的創意並豐富你的內在生命。
- **培養你的直覺**，它是藝術家／創造者最好的朋友。
- **維持正向的人生觀**。創意因樂觀而蓬勃發展。

在哪裡失去力量（及如何重新尋回力量）

- **和其他藝術家相比較**。要合作而非競爭，從同伴身上學習。
- **渴望大眾肯定你的天分**。要專注於創造藝術，其他就會水到渠成。
- **期望立刻實現自己的藝術想法**。要培養耐心。
- **臣服於情緒起伏**——創造的壓力可能會帶來情緒起伏。起身活動：散散步、做瑜伽、去運動、跳舞或練習武術，這能讓你心情平靜。
- **陷入悔恨**。「我真應該參與競賽」這樣的想法會讓你耽溺於過去。要活在當下，因為藝術是此時此刻所創造的。
- **將成功與財務收入畫上等號**。如果你能餵飽家人、支持藝術創作、偶爾還能在晚上出門玩要，你就該心滿意足了。

藝術家自我查核清單

□ 我每天都花時間創作，讓想像力自由行動。
□ 我有朋友與導師支持我的藝術想法與創意的生活方式。

□我讓身邊充滿美好事物來激勵自己。
□我有耐心在沒有立即物質收穫時，還能持續創作。
□我每天都會肯定自己的天賦，不擔心其他人怎麼想。

結語

藝術家原型與生俱來就有種內在呼喚，讓他們創意地為生命奉獻。具備藝術天分真是天賦異稟。培養你的天分。否定它們才是真正的苦難。

第五章

運動員

Athlete

原型家族：身體的。
其他表現：男人婆、冒險者、戶外女性、競爭者。
生命旅程：透過物質身體的力量和精力來體驗生命。
獨特挑戰：尊重身體的力量與局限。
宇宙課題：經歷並面對人類身體的脆弱。
決定性恩典：堅忍。
內在陰影：身體力量就足以贏得生命目標。
男性面向：運動員、尋求刺激者。
神話：鋼鐵人（或鋼鐵女）；新生存者（死裡逃生）。
行為模式與特質：運動員會……

- 非常照顧自己的身體。
- 喜歡具有身體挑戰的活動。
- 非常有競爭力但總是公平競爭。
- 每天規律的健身活動包括按摩和以身體為主的療法。
- 和其他運動員交誼以獲得啟發與支持。

生活挑戰：我除了是運動員以外還是什麼？

✣ ✣ ✣ ✣ ✣ ✣

生命旅程

運動員的生命旅程是要藉由鍛鍊身體來找到個人力量與身分認同。達成肉身的精練是運動員自我價值的基礎。對真正的運動員而言，運動不只是比賽或練習。有位運動員曾對我說：「和競爭者賽跑就像把『我出生的理由』放上火線。」每個觀賞過運動員比賽的人都能理解這點。這份深度的熱情，並不是今日的運動員所獨有。運動員原型從古希臘開始就是如此。

古希臘的奧林匹克運動會見證了運動員的誕生，而這樣的活動也同樣定義了理想身體的理念與競爭的規則。奧運會禮讚男性身體的力與美、力量與堅忍。幾千年後的現在，完美運動員的條件和競爭的榮譽守則仍保持完好無缺。我們高度期待世界級的運動員會公平競爭、拒絕使用藥物、絕不接受賄賂來放棄比賽，儘管這些標準有時在現實中會遭遇違反。

古希臘人不僅給我們完美身體的形象，也提供了鍛鍊身體的指引。透過勤奮與堅忍，運動員就能成就對人類體能幾近完美的操控。對古希臘人而言，達成這種身體的完美，是凡人最能夠接近神的境界。對此我們依然保持敬畏，這種強健的體格讓其他人渴望自己也有分毫這樣的投入（我自己每週上健身房三次就覺得夠了）。

這不是說運動員原型從最早的奧運會以來都沒有明顯的改變。其中一項改變是：雖然過去這是專屬男性的世界，但是現在女性運動員已經成為這個原型意識的一部分。在許多運動中，女性運動員都是高度受重視的競爭者。事實上，二〇一二年的夏季奧運會中，美國隊的女性選手就遠超過男性選手。儘管專業女性運動員的商業收入潛能與男性面向相比，仍有許多發展的空間，但女性已證明了自己在各方面都同樣技藝精良且決心獲勝。

在職業運動的領域之外，具備運動員原型的女性也紛紛脫穎而出。現在「運動」的定義包括：所有需要持續關注身體健美的活動與職業。舞蹈、各類運動、以身體為中心的鍛鍊（包含瑜伽和武術），全都屬於運動這個範疇，因為它們都具有高度要求體能和訓練。近年來，對健美的強調以及隨處可見的健身房、運動中心與健康俱樂部，也喚醒了無數人心中的運動員原型。健康俱樂部二十四小時燈火通明，人們做飛輪、游泳、拳擊有氧、舉重、在瑜伽課用上百種不同的方式折彎身體，這一切都是為了滿足自己內在運動員對保持健美的渴望。

運動員是大地型的人：你安住於自己的身體，舒服地與自己的物質型態共處。你無須賽跑或舉重才能享受這個原型的益處。許多運動員喜歡前往戶外，待在大自然中，不過除此之外，運動員的生命旅程表現於一種非常身體、明確可即的生活方式。許多具備這種原型的人都喜歡自己動手，做木工、修理家具、裝修房子。你用自己的力量來衡量健康與活力，並以此為傲。

因此，毫不意外的，年老是運動員的天敵。這個原型在青年時期達到高峰，不像其他原型還有幾十年的成熟期等著他們。當然，我們的文化迷戀青春。關於抗老化的書籍絕對暢銷，無論內容有多唬人；化妝品業業績長紅，承諾顧客只要擦擦這個、抹抹那個，就會讓歲月停下腳步。

社會對年老的輕鄙造就出抗老化運動員（Anti-Aging Athlete），這是混種的運動員原型，致力於贏得與歲月的賽跑——這場比賽當然註定無法獲勝。我們對青春的崇拜讓人相信，將身體磨練到極致可以達成不可能的任務，戰勝歲月腳步。這種極端的目標讓抗老化運動員把自己的生命調整到了極限。極端的營養以及對維他命、健康飲料、刻苦鍛鍊與健身計畫的著迷，一切背後的目的都是讓時光倒轉。

道家教導一切事物都包含其反面，事物的極端同樣也有另一個極端與之共存。對身體健康抱持強迫性追求的抗老化運動員另一個相反的極端，就是惰性運動員（Inert Athlete），他們夢想要健身、總是說自己得去健身房，但卻坐在沙發上並看著電視發呆——毫無疑問，電視轉到運動頻道。惰性運動員渴望與自己的物質身體連結：他們願意付出一切好讓自己有天清晨醒來便充滿無法抵擋的渴望要去健身房。不過事情就是不會如此。惰性運動員與自己的物質身體分離，這經常帶有危險後果。他們不少人也具備知識分子原型，只活在自己腦中的世界，自我催眠並說服自己，總有一天他們會去運動。

這兩種極端——抗老化運動員和惰性運動員，都是純粹運動員的黑暗子嗣，反映出這個時代價值觀的轉換。除非我們能夠走出自己對青春的迷戀並穿越對老化的排拒，否則這些混種原型將會成為我們集體心靈活躍的一部分。

同時，在一個渴望英雄的社會裡，我們擁抱運動員，把他們當成英雄的替代品，這正是因為他們達成了巨大的身體目標。例如，麥可．喬丹之所以達到英雄的地位，並非他經歷了古典的英雄旅程去尋找內在意義，而是因為他在籃球場上超凡的技巧表現。他啟發孩子勇於夢想並在自己家中、球場上努力超越極限。另一方面，老虎伍茲在正要成為高爾夫球最偉大的英雄傳奇時卻從雲端墜落。不過，讓伍茲失敗的並非他的高爾夫球技，而是因為他沒能成為可敬的人。當運動員無法達成人們超凡的期許，大眾便會嚴苛地批判他們。似乎沒有人對運動員毫不在意，尤其是其他的原型。

女性運動員也開始成就傳奇地位，啟發了休閒運動員（Recreational Athlete）與渴望成功的年輕運動員。像威廉斯姊妹與莎拉波娃這些網球明星，不僅讓人注意這項運動，更為想保持好身材的女性提供了力量與健美的典範。許多前往健身房與運動俱樂部的人們從未被選入奧運代表隊——她們也沒這種渴望。不過，兩性頂尖運動員所表現出的身體健美標準已經開始提升每個原型中運動員的健美程度，因為人們開始知道身體能夠達成什麼樣的健美等級。

顯然，今日的運動員原型遠比古希臘時代更複雜。不過，恆久不變的是，你內在的運動員是你生命力量重要的部分，而這個原型也具有動態的生命旅程。你或許從未打過網球，也不曾在雙槓上擺盪，或許永遠無法打破兩百公尺游泳的紀錄。不過你的運動員是你內在的驅力——渴望海水的氣味，渴望走上山丘、踏穿沙漠、為馬拉松比賽鍛鍊。終究，運動員原型最能發揮的狀態就是，當你將身體視為充滿韌性、美麗、獨特的生命的時候，儘管它同時也在老化。運動員的旅程是要好好地、明智地生活和老去，讓健康強壯的身體支持活潑的心靈。

獨特挑戰

如果有什麼是認真的運動員不想聽到的，那一定是：「你的身體承受不住了。」我曾看過有人超過了認真運動的範圍變成是自我虐待，因為他們決定要強迫自己的身體，鍛鍊出超過自己能力的更多肌肉力量或是更快速的療癒。無論你是認真每週鍛鍊超過五天的運動員，還是「一星期有三小時運動就很棒了」的那種運動員，你都必須知道自己的身體能做什麼、不能做什麼。你的野心或許是身體無法達成的，無論訓練多久都一樣。

身為運動員，你對自己的身體有基本的責任。你需要知道自己身體的需要，從頭到腳。如果脊椎不正，你需要接受規律的整脊調整，並將這些治療當成鍛鍊流程的必要部分。你必須確定自己健身時穿的鞋合腳（聽起來很基本，不過除非你經常收到新的球鞋作為代言報酬的一部分，否則人通常會拖延不去買新鞋）。當你的身體透過各種疼痛對你說話，你需要注意並且回應。由於你整體的健壯遠勝於多數人，因此偶發的不適經常會不受重視。然而許多的沒關係最終就變成有關係，而且可能是很嚴重的有關係。

每個認真的運動員都會面臨身體受傷，也不得不為身體規劃最好的療癒流程。忽略疼痛訊號會讓療癒變得更加困難。這等於告訴身體，你不想讓自己的直覺與設計來保持身體健康的內在訊息中心相連結。我們都聽過專業運動員在肌肉拉傷或骨折時仍繼續比賽，結果他們事後通常得休養好幾個月。

懶惰蟲和身體活躍的人同樣都會遭遇到意外，不過對運動員而言，你生來就帶有身體意識。你的優勢就是你自然地以身體為中心，自然地安住在自己身體結構內，也自然地知道自己身體的力量與局限，知道什麼會讓你失衡。你的挑戰就是，要與你自然的中心保持同步——注意自己是否偏移，並盡力讓自己回到核心力量區域。如果你是運動員，在你經常注意到的地方貼上這則備忘錄：人若是偏離了自己的力量區域，就無法贏得比賽。

宇宙課題

這個原型的課題便是面對身體的脆弱與易受傷害，進而面對生命的無常——要完全接受老化的事實、接受力量與精力無可避免地衰退。運動家原型在生命初期達到顛峰，不像其他原型，例如照顧者、老師、母親／父親，會隨著年齡增長而更有智慧也更加成熟。等到物質身體來到四十歲，各種疼痛開始與速度和敏捷對抗。生命的實相藉由運動員最珍視的特質逐漸衰退而顯現出來。

不過，由於更好的生活習慣，「中年危機點」已經往後推遲。但是，哪怕是最好的健身習慣也無法讓時間停止。人們並不渴望面對自己身體的易受傷害，不過這點運動員比其他原型更具優勢，因為對你而言，生命完全就是關於身體／心靈所發生的一切。你的內在運動家最擅長於安排健康活動，規劃健身計畫以強化身體的力量與彈性，同時你也具備心靈的健全讓你獲得最佳的健康。你的原型便是設計來處理身體任何需要注意的部位。

儘管如此，社會上對保持年輕的壓力對今日的運動員形成更大的挑戰，遠超過實際年老的生理過程。在我們的世界裡，對老去的恐懼如此蔓延，你我幾乎無法避免。老化的心理與情感層面遠比生理的挑戰更駭人，因為生理的部分可以藉由營養、運動、良好健康習慣來處理。情緒的健康習慣則是另一回事，需要另外的努力才能納進自己的生活。不過，對運動員（也是對任何原型）

而言，培養一顆平衡的心靈，就和一個讓身體活躍的生活方式同樣有益。

決定性恩典：堅忍

堅忍是運動員的恩典。堅忍這個恩典是絕佳的力量，讓你有足夠意志來成就不可能，同時穿越最困難的時期。堅忍這種恩典出現的時刻，就在你面前的任務相當漫長且需要情感與靈魂全然投入之時。

身為運動員，你需要堅忍來維持、療癒、更新自己的身體，因為你會發現，保持健美是艱苦的工作。你的身體需要大清早起床，跋涉到健身房，運動到一種疲倦但喜悅的狀態，最後沖個澡來回回神。身體的維護需要全心投入，有時要好幾個月才能看到成果。堅忍讓你堅持下去。我們都聽過這樣的故事，關於失去肢體的人決定想辦法繼續運動。透過堅忍這項恩典的加持，這些人不僅設法跑馬拉松或接力游泳，甚至啟發了更多人去克服自己的失敗。儘管南非短跑選手皮斯托利斯並未在二〇一二夏季奧運會贏得任何獎牌，但他成為歷史上第一位雙腿截肢卻能與身體健全者一起參與奧運短跑比賽的人。

堅忍的恩典能夠消融內在的妨礙者，不讓那些我們不該聽信的建議在我們脆弱的時候悄悄溜進，例如：「今天你太累了不適合運動」或「一天不按規律練習會有什麼差別呢？」在呼吸間做個簡單的祈禱——「請給我堅忍的恩典來超越自己脆弱的天性」，可以讓你有足夠的決心堅持自己的健身規律或物理治療療程。

以下幾點建議能幫助你認識到自己生命中的堅忍恩典：

- 堅忍透過「別放棄」這類的想法進入你的內心。
- 堅忍在你脆弱時啟發你，讓你的心中充滿靈性價值，例如：你的生命對他人的意義以及你還能提供多少的愛，並藉此給你繼續下去的意志力。
- 堅忍經常在你的太陽神經叢搏動，消融那些脆弱易受傷害的感覺，讓你想要踏上更艱難的道路。
- 堅忍會強化自己，讓你看到自己可以承擔任何事物。你遠比自己以為的更堅強。

內在陰影

我非常清楚記得自己第一次聽見大衛與歌利亞故事——這兩位原型人物分別代表頭腦與蠻力。對我來說很明顯的，這個故事是教導頭腦比光有蠻力而無頭腦更可貴。但儘管這個故事一再傳述，人們卻經常看漏當中的智慧，而做出只為了一種理由使用蠻力的決定：立即的滿足。即使我們知道使用蠻力和大喊大叫不能完成什麼，過程中所釋放的張力讓我們誤以為自己有所收穫。

巨人歌利亞當然就是惡霸原型，這是運動員當中的一個黑暗面。惡霸害怕那些由於聰明才智、天分或品格而讓他覺得更有力量的人，因此他訴諸身體的力量來羞辱那些身體不如他強壯的人（女性惡霸通常則針對那些具有社交威脅力的女孩）。惡霸運動員也是如此，以為摧毀他人的物質身體就足以摧毀對方再次站起來的意志：擊昏對手、讓他躺在墊子上。惡霸忘了對自己有利的事物也可能對自己不利，因此一記精準勾拳便足以擊潰惡霸。

惡霸運動員的內在陰影是由根深柢固的失敗、羞辱、被宰制恐懼症所引發。由於這些恐懼在他內心太過顯著，因此惡霸運動員喜歡先下手為強，先擊倒任何潛在目標，別讓他們對自己出手。這種原型此刻在我們的社會非常活躍，尤其在學校體系與街頭上。

近年來，運動出現了更加暴力的傾向，不僅是拳擊或摔角場上，也不只是在美式足球與曲棍球所認可的肢體衝突上。最終極的惡霸運動員運動是極限籠鬥（cage fighting）：兩名對手在直徑約九公尺的八角形籠子內戰鬥，運用各種武術來進行古羅馬角鬥士那樣的對決。競爭者得忍受肢體骨折與其他傷害以獲得金錢報酬。終極戰鬥受歡迎程度已經取代拳擊與角力，喚醒了古羅馬那種對血腥運動的胃口。儘管戰士不可至死方休，但是這種競爭方式——加上籠中戰鬥者的視覺張力——已經創造出運動員為了成為第一而必須成就並忍受的新標準。雖然這些終極戰士的確具備相當高水準的武術成就，但這項運動仍代表運動員原型的黑暗面。如同轟動一時的小說與電影《飢餓遊戲》中所描述的至死方休的競賽一般，籠鬥喚醒了人性中最黑暗的本能欲望：渴望看到強者擊敗弱者。

脆弱讓我們緊張，提醒自己是脆弱的。失敗或脆弱的感受受人憎惡。為了支持那些象徵性為我們而戰的運動員，我們成為所謂的粉絲，感覺彷彿讓自己與社會的脆弱不得其門而入。惡霸運動員，當打敗對手的那一刻，他讓我們暫時感覺自己也征服了自己的脆弱並站上高峰。

男性面向

儘管也有些具有運動員原型的女性同樣喜歡高風險的運動與個人挑戰，但是男性運動員卻可能遠比女性更全心投入極限活動，例如坐熱氣球環繞世界、攀登埃佛勒斯山、參與一級方程式賽車、直升機跳傘或是野地滑雪。對尋求刺激的人，高風險、讓人腎上腺素飆高的運動是獲得高峰經驗的自然方式。有位男士曾告訴我：「風險愈大，專注力愈高。分心的後果可是會致命的。」這種開心地感覺自己真正活著，正是尋求刺激者的報酬，讓他們將自己置身於如此困難的情境，進而暫時放下理智與情感的其他考量。帶來刺激的運動是一條捷徑，讓人透過最大的身體付出來獲得意識狂喜的狀態。

運動員神話

鐵人代表新一代菁英運動員，復興了這個原型所代表的最好的一面：盡個人全力投入運動競賽並以此為傲。在鐵人三項比賽中，運動員首先進行將近四公里的長泳，接著進行約一百八十公里的自行車賽，最後是約四十二公里的馬拉松賽跑。儘管這些男男女女是在彼此競賽，不過他們也自豪於自己完成這個需要高度堅忍的測驗。一位名為卡列羅正接受鐵人三項訓練的運動員告訴我說：「我是為自己比賽。每次一位運動員跑過終點線，其他運動員都在等待著你，高喊：『你做到了！你是鐵人！』等到你達到這個境界，就沒有誰能夠奪走它。」

身體的力量和精力，搭配智慧與適應力，共同結合成運動員家族的最新成員，新生存者（New Survivalist）。這個原型因為無數的實境電視節目而變得流行：身體健壯的個人處理一個個愈來愈困難可畏的身體挑戰，而這些新生存者再次表現出運動員另一個原始層面：我們願意做一切以生存下來的本能。目前在我們的社會裡，身體力量是最受推崇的一種力量，而新生存者的神話就是身體力量便足以讓人生存。的確，這樣就已經是綽綽有餘——滿身大汗、性感、粗獷、狂野。但事實上，滿身大汗、性感、粗獷、狂野並不足以讓人生存。新生存者完全忽略了一點：強大的心智與情緒精力，也是經營成功生活的必備條件。

這兩種混種運動員存在於原型尺度的兩個極端。新生存者運用自己的力量來摧毀對手，而鐵人則儘管雙方同處於競爭的位置，也能夠禮讚運動員同儕的技能。

生活挑戰

對認真的運動員而言，最迫切的問題是：「我除了是運動員，還是什麼？」為了維持在高峰的身體狀態所需要的訓練與記錄，讓人幾乎沒有時間做其他事。多數運動員的競爭週期很短，因此對職業與認真的業餘運動員而言，當他們接近生涯的終點，他們必須認真規劃自己生命的下半場。

我們每個人都不只有一種身分。無論你多麼致力於成為一個絕佳的運動員，你都遠遠不僅只是自己身體所能成就的。即便你的工作是許多運動相關的職業其中之一，或許是職業運動員、個人教練、按摩治療師或瑜伽教師，這都不是你的全貌。我們全都要面臨生活挑戰，要朝向自己原型身分以外的疆域擴展。不過，對運動員而言，這個挑戰或許更為重要，因為完全倚賴的技巧與力量已經開始消失。對運動員來說，考慮接下來該怎麼走永遠不嫌早。問問那些世界級的運動員，儘管退休對他們而言還有好久，但他們仍用自己的空閒時間去開餐廳、投入連鎖世界、設計服裝、或是攻讀學位。

你除了運動員之外，還有什麼「力量」的身分呢？你有什麼其他的天分或技巧能夠強化自我價值感，讓你度過正在下坡或即將走出運動場的生命呢？智慧提醒我們，別將雞蛋放在一個籃子裡，尤其是給我們個人力量的籃子。如果疾病、受傷或年老讓你無法投入過去那個享受運動的生活，你還能仰賴什麼內在資源？

辨認自己的原型：你是運動員嗎？

這是另一個多數人不會懷疑自己是否具備的原型。運動員原型不會被誤認。這不只是說你有排滿整個架子的獎杯或整櫃子的運動器材，或你肌肉發達的身體讓你表現出運動員原型。與其他原型一樣，運動員具有獨特的行為模式來在眾人中彰顯自己。

即使你很確定自己是運動員，還是有其他親近你的人希望對這個原型多認識一點。他們或你都可以看看下頁的運動員的行為模式與特徵。

運動員
行為模式與特徵

- 你規律運動；保持體態是生活最重要的部分。
- 你非常照顧自己的身體。
- 你會傾聽身體，注意如疼痛等生理訊息。
- 你覺得營養很重要，確定自己吃對的食物。
- 你非常有競爭力，但總是公平競爭。
- 你從挑戰體能的活動中得到快感。
- 你童年時就像個小男孩，或許現在還是。
- 你的工作與運動、健身或身體鍛鍊有關。
- 你空閒時間都在戶外，跑步、游泳、爬山或運動。
- 你的每日例行健身活動包括按摩和以身體為主的療法。
- 你和其他愛好運動的人們交際以獲得啟發和支持。
- 你的生活以健身為中心。

投入你的原型：運用運動員的力量

身為運動員，你以自己充滿力量為榮，不過你也知道，那樣的力量主要是身體的力量和運動技能。運動員的成就也包含重要的心理與情感成分。健全的身體是你的基礎，提供良好的平台讓你培養健美。而一個發展良好的心智與情緒平衡讓你成為全方位的運動員，不僅能在身體活動中達到高超技能，更能經營成功且充實的生活。

以下幾個準則與練習，能讓你培養全方位的運動員原型：

- **與時俱進**。不用說你或許已經知道，自己所選擇的身體活動或運動的所有最新技法和器材。不過你是否知道最新的營養、運動、運動心理學的資訊？這些日新月異的研究不僅更新甚至全盤改變所有我們照顧運動員生涯的知識。挑選可信的網站並定期查閱。或者設定你的ＲＳＳ閱讀器，接收你感興趣網站的最新訊息。美國運動醫學學院的網站：www.acsm.org 會提供最新的消息、研究、電子報。《運動見聞：運動心理學網路期刊》（*Athletic Insight: The Online Journal of Sport Psychology*）的網站 www.athleticinsight.com 則會報導最新研究，並提供有用的連結。
- **尋找啟發**。向古今中外最佳的運動天才學習。花點時間讀讀下列這些人物的傳記或紀錄片：黑人球星傑基．羅賓森、拳王阿里、黑人田徑選手傑西．歐文斯、女性網球選手比利．簡．金、職棒選手盧．賈里格。他們打破種族、性別與疾病的限制，成為對抗命運的堅忍模範。他們發展出什麼技能來達到高峰？他們克服了什麼挑戰？你能由他們的故事中獲得什麼，並應用於自己的生命或運動生涯？

● **按部就班**。與你的身體合作而非對抗，這樣你保持健美活躍的時間才能更久。如果你沒有訓練師，也要找人幫助你設計符合年齡與活動等級的運動計畫，同時要考慮你現有或曾經承受的內外傷。不要接受一體適用的流程。你會發現有許多經驗不足的訓練師為四十五歲的人安排的課程，讓二十出頭的年輕人感覺吃力。你的目標是要讓自己在任何年齡與健康狀況下都有最好表現。

● **交叉訓練**。記得小時候你在體育課玩得多高興嗎？每個禮拜都有不同的運動或練習：這個禮拜單槓、下個禮拜排球、中間還有翻筋斗和墊上運動。不要每天都做同樣的身體活動，要換著進行。想想那些打高爾夫的籃球明星、投籃的美式足球員。如果你通常隻身運動，那麼在健身房時不妨加入一個隊伍。如果你通常團體練習，那麼可以一個人去運動、衝浪或溜滑板。沒有做得好不好的壓力，而是為了樂趣而進行，同時透過學習新事物來讓身心保持敏銳。

● **我是誰？**如果你如此認同於運動員的自我，讓你在生命其他部分兩手空空，那麼你該擴展自己的自我認同。看看那些你所崇拜的人，看看什麼讓他們快樂，而他們又是從何處汲取力量。不要光是研究其他運動員；他們或許和你處境相同。思索你所擁有但未曾使用的天分，想想你從未發展的興趣。將身為運動員所培養的技能——專注、堅忍、學習能力，應用在其他有益的活動。將發掘自我當成另一場比賽。

運動員原型就是力量的代表。但或許你可以更有效地安排自己的力量。以下是獲得力量的建議——如果你開始失去力量，也能透過它們重新尋回。

在哪裡獲得力量

- **保持規律**。紀律會讓你有最佳表現，無論是否在運動場上。
- **鼓勵他人**。支持運動員同儕會提升所有人的表現。要競爭，但別試著摧毀對手。
- **以身作則**。年輕人會以運動員為榜樣。擔任健身或你的運動的大使。
- **擔任導師**。教導他人也是提升自我技能的好辦法——也可以和孩子們打好關係。
- **擴展心靈**。你不只是健美的身體。發展你的心靈，你將會讓生命更加豐富。

在哪裡失去力量（及如何重新尋回力量）

- **壓迫身體**，進而對身體造成傷害。給自己休息的時間讓身體恢復。

- **只在心裡當運動員。**不要答應自己「明天」就開始健身計畫。聘請朋友敦促你前往健身房並和你一起玩跑步機。
- **相信運動就是預防科學。**運動是必須的，但不足以為你帶來全部的健康與幸福。你也需要正確的飲食、規律檢查身體，同時停止擔憂生命中你無法改變的事物。
- **沒有運動精神。**輸不起的人讓所有人都不喜歡比賽。只要記住獲勝的都是最好的選手，你會表現得更好。

運動員自我查核清單

- □禮讚我內在運動員的方式就是走路或騎腳踏車，取代搭車。
- □我接受自己的身體會老去，也會因為它今日為我做的一切而愛它。
- □我注意自己吃什麼，但是不過於狂熱。
- □我會滋養自己的心靈如同身體，好讓我成為快樂而全方位的人。
- □我堅持奉行自己的運動計畫，即使我不樂意。
- □我比自己以為的更堅強；無論發生什麼，我都會堅忍面對。

結語

對所有真正的運動員而言，這是你發光發亮的時刻。透過對自己生理健康與個人照護的投入，你幫助建立起新的自我健康與個人責任的標準。因為如此，你正在讓世界變得更好。

第六章

照顧者

Caregiver

原型家族：照顧。
其他表現：滋養者、母親、愛人、修女、教師、拯救者。
生命旅程：照顧別人，用他們無法自己照顧自己的方式照顧他們。
獨特挑戰：害怕被認為自私或無法照顧他人。
宇宙課題：學習什麼時候該幫助，什麼時候不該。
決定性恩典：慈悲。
內在陰影：感覺憤怒且不被照顧。
男性面向：照顧者是陰／陽原型，具備平衡的男性與女性的心的能量。
神話：如果我不幫助其他人，他們會覺得我很自私。我必須幫助人們，不然他們無法生存。

行為模式與特質：照顧者會……

- 從不拒絕需要幫助的人。
- 擔任家庭的照顧者。
- 選擇與照顧相關的職業。
- 視幫助他人為天職。
- 是慈悲與寬宏大量的典範。

生活挑戰：要充分照顧自己才能找到真正的自己。

✣ ✣ ✣ ✣ ✣ ✣

生命旅程

照顧者原型體現了慈悲與慷慨等特質，同時生來便具備回應需要幫助者的傾向。儘管慷慨與慈悲是眾人都擁有的感情，但是這些更高的人類特質構成照顧者核心的驅動力量。照顧者家族成員——照顧者、滋養者、母親、拯救者、教師——因為照顧他人而更為蓬勃發展。照顧者對世界的回應是來自一種基礎本能，他會問：「我能為這個人做什麼？這個人是否需要我做什麼？我能提供什麼服務？」

照顧者的生命旅程是要照顧其他人，照顧的方式要能幫助他們好好過自己的生活。照顧者本性就是要在任何人需要愛、關注、協助時回應。不意外的，這是最受愛戴的原型之一，因為我們都需要被關懷。如果你認同這個原型，那麼你可以確定自己此生的目標就是要給與並接受愛和讚賞。

照顧者是以心為中心的原型，透過與生俱來的民胞物與感受看待他人。照顧者生來會尋找每個人內在的長處並拯救落後的人。照顧者生來便相信愛的力量能夠移山填海、療癒傷痛。照顧者幾乎不可能停止關懷他人。

這個原型最獨特的地方就是能感覺他人的需要，無論是家人、朋友、同事或陌生人。照顧者就是能注意到你有多累並且稍後帶吃的給你。是帶晚餐來，不是為晚餐而來——他們不會留下來。照顧者直覺知道你什麼時候需要休息，以及什麼時候需要一頓在家中烹調的晚餐但不需要陪伴或者交談。照顧者對他人獨特的敏感，經常讓不具備這個原型的人感到迷惑。如果他們詢問照顧者：「為什麼你給了這麼多，但卻經常不求任何回報？」他們的回答經常是：「我不知道。我就是這樣。」

這是怎麼辦到的呢？如果你具備這個原型，你便擁有似乎無限的慈悲與體貼。你在自己的內在找到資源以致毫無疑問地給與並提供持續的滋養，這點讓他人震驚，因為其他人早就油盡燈枯了。照顧者有無窮無盡的力量和精力，生來就是第一線的回應者——通常在災難發生時第一個出現，志願付出時間、精力、資源來協助生命遭受水災、風災或其他自然或人為危機而摧毀的人。無論危機是膝蓋破皮還是居家被火吞噬，照顧者都會立刻出現，帶著繃帶、毯子、還有無限的關愛。

照顧者是天生的滋養者。你們經常出現在廚房，不僅確認餐點好吃營養，更注意讓用餐時間充滿情感滋潤。對這種原型的人而言，餵養其他人是最終極的照顧。照顧者非常可能擁有傳承自母親或祖母的食譜檔案，記載著家人最愛吃的食物。

擁有照顧者原型的男性和女性，同樣都能輕鬆地扮演家長的角色——前提是他們是在自己準備好給與的生命階段中成為父母。雖然照顧者能自然關懷他人，但是他們仍需要成熟才能不帶怨恨地給。如果在到達此階段之前就被迫扮演照顧的角色，那麼他們或許會發現自己處在難受不舒服的狀態，會對自己的天性心懷怨恨。

不過大部分時候，照顧者都是不作二想地給與。他們總情不自禁。仁慈和體貼永不嫌多。照顧者會毫不考慮地幫忙撿拾由顧客紙袋中掉落的橘子、幫助牽著小孩的母親提袋子。沒有照顧者原型的人或許會注意到有人需要協助，但是他們只會在自己方便時伸出援手，或者他們會感到遲疑，因為他們覺得面對陌生人有點尷尬。

然而，要注意的是，照顧他人的能力並非照顧者所獨有。生而為人，我們內在都有照顧彼此的需要。只是，某些原型有潛力將照顧與滋養完全地表現，而照顧者就是其中之一。母親——照顧者原型的其中一種表現——與照顧並滋養家庭密切關連。同樣要提的是，具備照顧者原型，不代表你的技能已成熟到足以滋養他人或是你不需要照顧自己。

此外，每個照顧者都不太一樣。照顧的基因或本能會出現在許多原型中，畢竟照顧是心的特質之一。不過最可能找到關懷與滋養的心，即是在照顧者家族成員之中：照顧者、母親、教師、修女、拯救者、同伴。

獨特挑戰

照顧者糾結著一個根深柢固的信念：任何自我照顧的行為都非常自私。由於你生性想向他人伸出援手，因此你會習慣性將自我掛慮擱置到最後。你會過於深陷幫助他人到，讓自己忽略自身的飢餓或疲倦。自然的，你生性能感受他人的需要，因此你也經常無法感知自己身體傳送出的訊息，其他人卻能察覺到的，像是疼痛抽筋等健康警訊，經常被你忽略。要找出照顧者的方式之一就是，看看誰的身後有人追出來、揮舞著三明治並高聲喊著：「可是你總得停下來吃點東西吧！」你身為照顧者的獨特挑戰就是，學習信任自己微調精準的直覺所告訴你的身體與情緒需求。

如果你具備照顧者原型，無疑的，朋友可能已經告訴過你：「你得開始放輕鬆點。你得為自己做點什麼。」許多照顧者都想為自己做點什麼——上瑜伽課、去按摩、放個假。但在別人建議後不久，原型又會占上風，讓照顧者開始提出一連串的藉口不去做這些事。

害怕被認為自私或無法照顧他人，是這個原型的持續挑戰。我們都知道有些人——多半是女性——會花幾個星期、幾個月、甚至幾年來照顧父母親、生病的配偶或孩子。他們總是會因為將時間花在自己身上而有罪惡感。對全心奉獻的照顧者來說，即使晚間外出和朋友一起度過，都感覺像是背叛或一次嚴重的失職。

宇宙課題

如果你具備照顧者原型，那麼你正在學習如何使用內在的照顧能力幫助所有需要的人，包括你自己。關鍵之一就是要學習明辨：該照顧誰、不該照顧誰、如何照顧他人而不犧牲自己。你也必須面對這個恐懼：因為你給與他人照顧，也就是從來沒有人會供給你照顧。

由於這是所有照顧者為了內在發展都必須學習的靈魂課題，因此我幾乎可以向你保證，你將會發現自己正面對能喚醒這個課題的處境或關係。不過，如果你能檢視自己的生命，以及它透過原型智慧的角度所帶來的挑戰，那麼你將會領悟到每個觸動你心弦的人、每個讓你感覺想要幫助的人，都以某種方式促成你的學習，正如你促成他們的學習一樣。

明智的照顧者知道何時給與、何時收手，也知道如何給與確實需要的事物，能分辨何時給得太多對他人是最糟的。身為照顧者，能夠明辨並有智慧地慷慨、慈悲地給，你將有力促成世界的善，無論影響力是大是小、在地或全球、觸及一小撮人或是整體人類。不過請注意：何時該給與、何時不該給與、何時該接受，這些都需要時間與難能可貴的經驗才能學到。這些話語中包括了某些生命最具挑戰的課題，但請相信，我們全都得學會。

決定性恩典：慈悲

照顧者原型的恩典是慈悲。當慈悲觸及照顧者的生命，它會改變你看待別人的方式，啟發你給與他人第二次機會或自發地（也讓你自己訝異地）去信任陌生人。並非出於扮演角色的行為，通常代表我們已被恩典觸動。照顧者無疑的都很熟悉所謂的「恩典安排」——彷彿青天霹靂地突然讓你用慈悲與慷慨來回應某個情境。

恩典還有另一強大的功能：如同一種神祕的力量，能讓我們契入一個更正向更有力的心靈狀態。生命旅程帶領我們穿越無數的機會、奇妙的遭遇、許多冒險，不過也帶來挑戰與障礙。通常這些挑戰結果證明是我們最大的祝福，不過在經歷的過程中，我們不禁好奇「我怎麼能從中倖存」？照顧者或許會感覺孤獨且喘不過氣，假如她要獨自一人負起提供家人情感支持的責任。然而慈悲的恩典可以讓她超脫那樣的狀態。那可能是突然的心態轉變，讓她看到這個情境幽默的一面。或者它會以「神聖之怒」的樣貌降臨，讓她決定自己絕不要被擊敗，讓她知道情況無論多困難都會過去，而她也會走過這一切。

慈悲恩典可以在眨眼間進入，當我們走過瑟縮在門邊的遊民或是聽到某人的掙扎。恩典給我們幾秒鐘暫停，深深呼吸，並提醒自己：就在今天，我們的世界一切都好，而生命也是奇妙的旅程。

內在陰影

聽起來照顧者彷彿是聖者候選人，不過即便是聖人也都會有缺點，而在這些照顧背後也有其陰暗面。給與太多的內在陰影就是怨恨，伴隨著根深柢固的未受欣賞的感覺。照顧者，因為付出太多給別人，可能會覺得自己受到忽略或不被照顧，可是他們很難去面對任何的負面情緒。照顧者擔心自己不被人愛，因此不願展現任何情感上的脆弱。只是，感受若不去面對仍會流洩而出，而感覺被忽略卻無法承認的照顧者，可能透過被動侵略性的行為來間接宣洩自己的憤怒。

以下是照顧者黑暗面運作的典型例子：我認識一位女性，她負責一間大企業的人力資源管理，而她與人合作的方式充滿慈悲且關愛，因此備受愛戴。當她的公司開始裁員，她的責任之一就是協助被資遣的員工安置到其他部門。不過隨著被資遣的人愈多，她感覺自己不可能幫助所有人找到新的職位。公司管理政策還有自己處境帶來的無力感讓她愈加挫折，最後她開始遲到。這第一個被動侵略行為導致了第二個：她愈來愈容易發脾氣，也經常批判同事，氣他們似乎無視於自己每天所見證的苦難。

最後，一位好友兼同事跳出來與她面對面，指出她不只是一兩天過得不好，而是處在重大的人生危機中。這場對質終於讓這位女士公開說出自己因為無法幫助每個需要幫助的人而感到失敗。從原型的觀點，她正在經歷「照顧者神話的危機」：她相信自己要為每個走進她辦公室的人的生命負責，但事實上，她只負責要為他們在公司裡找到職位，這個工作是她所擅長的。但由於她指派給自己過分重大的角色，因此當危機出現，她便在極端的照顧工作之下崩潰。

照顧者的一個陰影原型稱為「致能者」（**Enabler**）。為酗酒者及成癮者的家人與朋友提供服務的匿名戒酒者協會，充滿著照顧者／致能者：這些多半是女性，負責一位成癮者或酗酒者的生活，讓他們繼續用藥或飲酒的消極習慣。這種不健康的動力模式出現在任何照顧的提供成為極端的情境中。當照顧者／致能者逐漸為需求不滿的人的生命負責，那個充滿需求的人就會愈加倚賴，讓照顧者／致能者充滿世界級的怨恨。

這樣的模式出現在一位女士的生命中。我在一次工作坊認識她，當時她正面臨婚姻危機。她嫁給摯愛的丈夫將近三十年。根據描述，她的先生很忠誠、努力，是個好父親——但充滿情緒需求。另一方面，她則是充滿活力、愛冒險的外向女性。這聽起來像是互補的婚姻，但是如果我們由照顧者原型的角度來看，更深的意義將會浮現。

這位女士說她先生需要很多照顧與注意，在婚姻初期，這讓她感覺自己被需要。她那種「需要感到被需要」的照顧者，在先生充滿倚賴性的「長不大的孩子」身上找到完美契合。這一切都沒有問題，但是等到結婚十八年後，太太得了乳癌。現在她成為需要被照顧與支持的人。她需要有人準備餐點並協助處理家事。儘管她的先生確實愛她，但是當疾病讓她需要對自己付出全部的注意，先生開始無意識地怨恨自己被忽略，也怨恨生命中充滿需要的自己竟然得為妻子付出情緒支持。

如果這對夫妻說出原型真理：如果先生能夠承認自己怨恨這樣的處境讓他不得不趕快長大並照顧自己以外的其他人；如果他能夠承認自己不想要打破「長不大的孩子」這個原型，因為他擔心如果自己不是那麼充滿需要，他的妻子將不再照顧他或愛他；如果妻子能夠承認自己因為先生在她需要時無法提供支持而感到受傷與怨恨，那麼他們的關係將會多麼快就獲得療癒啊。

不幸的是，事情並非如此。先生沒有面對自己的感覺，更加地退縮到「長不大的孩子」，留下妻子在一旁感覺自己像在單人病房治療。透過自己的照顧者原型，她能向外聯繫家人和朋友，而他們也關愛著她直到痊癒。不過先生這樣毫不愛惜的行為導致沉默的怨恨，附著在他們的婚姻，彷彿不速之客強占空出來的房間。

在我們談過以後，這位女士了解到自己有兩個選擇：她可以繼續壓抑自己的怨恨，或是開始和先生談談自己的感覺。我建議她尋求專業治療師協助，因為所需要的不僅是分享受傷的感覺：她要挑戰的艱困任務是，打破籠罩在自己和先生生命上方的原型神話。

我們都受原型模式影響，有時甚至受到控制或附身。透過陰影所表現的是其中力量最強大的部分。儘管面對這些模式或許挑戰很大，但是當了解這些原型敘事，我們的人生戲劇會開始變得更有意義。

男性面向

儘管照顧者原型似乎主要出現在女性，但提供照顧本身並無性別差異。男性能夠（坦白說也更願意）提供他人照顧，就和女性一樣。許多男性成為老師或教練，或者進入消防或救護等救援工作，因為他們真實地需要藉由自己的職業選擇，來服務並照顧其他人。

照顧者神話

和所有原型一樣，照顧者也有自己的一套神話；深層自我藉由這些敘事來將其恐懼、懷疑、希望傳達給意識心智。照顧者原型的代表性敘事就是：如果我不幫助其他人，他們會認為我很自私，而我將使他們失望。這個信念會讓照顧者陷入被他人需求壓的喘不過氣來的處境。自私以及令他人失望，是照顧者最大的擔憂——當他們無法對自己或他人發生效用，就會被認為是失敗的。所以，無論他們有多累，照顧者都不允許自己慢下來。他們就像勁量電池兔一樣，一直走一直走——不停地給與再給與。

過度給與是照顧者家族的原型危機。光只是想要暫停給與或是全盤關閉，就可能對照顧者造成情感與靈魂的危機。不具備這種原型的人不了解，為什麼照顧者會覺得無法照顧別人就是破壞性的經驗。如果照顧者向不具備心靈導向原型的朋友坦承，自己因為照顧別人的需求而感到筋疲力竭，那個朋友很可能會說：「那有什麼大不了的？告訴他們你不再能照顧他們了，請他們另作安排。」

這樣的建議會讓照顧者感到震驚。就算她要請人代勞，從有需要的人身邊走開，對這個原型而言仍是難以想像。當然，內心深處，許多人會想要走開——他們也不過是人。只是，拒絕任何人的要求違背了照顧者的本性。照顧者原型並非生來要照顧的，而是生來要「過度」照顧的。

儘管如此，對其他人來說看似負面的特質也建構在照顧者的原型DNA內。如果你具備這個原型，你一定懂我的意思。你不可能違背自己的本性。

對照顧者而言，生命是需要照料的花園，有時需要修補，而你來到世界就是讓它昌盛繁榮。實際來說，任何人，無論具備多麼適合這份工作的原型，都不可能照顧每個自己遇到的人。學會明辨並省思個人選擇的照顧者，可以運用自己微調好的感知來決定誰最需要幫助、知道他們需要什麼樣的幫助、確認自己是不是恰當的幫助者。這個世界需要幫助的人是無限的，但這不代表你就是那個需要回應每個要求的人。

即使最驚人的給與者，她們的個人資源也是有限，而照顧者必須以關懷他人那樣的注意力同樣細心照料這些個人資源。照顧者很容易會成為自己內在敘事的犧牲者而去接受這樣的神話：「如果我缺席，那個人該怎麼辦？」或「如果我休息，別人會怎麼想我？」如果你具備照顧者原型，更有效運用自己慈悲的方式就是，思考該將慈悲投注何處，好讓它更有效益。這包括友善地關懷自己。

如果沒有你照顧，其他人就會崩潰——這樣的想法，與其說是神話，不如說是中世紀的魔咒。當照顧者神話如此深入無意識並形成魔咒，要消除就非常困難。有位照顧者告訴我：「我知道如果我離開一個星期，我的母親就會生病，那就會是我的錯。」這就像事先簽訂的契約般，她的母親確實在女兒離開後幾天生病了。不是什麼嚴重的病；母親提供了足夠的身心戲法，將照顧者鎖在給與的模式，哪怕照顧者真的需要離開休息一下。要破除這個魔咒，照顧者需要再次向自己確認，如果自己離開一兩天（甚至一個星期），這個世界也不會崩潰，人當然也不會。人是生存者，有足夠的韌性。有時我們能提供的最好的照顧就是，讓其他人發現自己內在的意志與資源，能夠照顧好自己。

生活挑戰

我們已經看到，原型不是派對上隨便給人貼上的標籤。原型通向最深的你，是你的真實自我。對照顧者而言，自我照顧是力量增長的方式，能直接連繫真實的自我。

一位女士曾告訴我，她一生都處在必須照顧身旁的人的處境中。即使在童年時期，她也要負責在父母工作時照顧自己的弟妹。她覺得自己永遠無法逃離這個無比沉重的命運重擔。但這時她突然有個領悟。她連結到自己照顧者原型，領悟到照顧他人不是她的命運，而是她的使命。那不是強加在自己身上的可怕工作，而是靈性天職——是她生命的目的。回顧過去，她發現無論她住在哪、做什麼，都會吸引需要幫助的人，因為她生命的最深處就是如此。她生來就是要照顧其他人。她也領悟到自己在這件事還是有選擇餘地——她能選擇該如何協助。她的照顧者角色不需要自我犧牲，也不需要她忽略自己。事實正好相反。她必須學會說「不」以及「不是現在」還有「我自己也需要一些照顧」。等到她了解這點，她不再感覺自己承擔他人需求的重擔，反而感覺自己有能力助人真是一種幸福。當掌握自己原型身分的真正意義，她的個人生活便有了選擇，這真是全新的經驗。

身為照顧者的挑戰就是，要充分地照顧自己，以便找出真實的自我——要願意仔細檢視並深刻體驗自己內在幫助他人的需要和渴望。當你連結到自己身為照顧者的生命目標，轉變就會發生。那些因為別人不像你致力照顧他們那樣地來關心你，所日積月累的怨恨都會獲得釋放。你也不再因為照顧自己而有罪惡感。你會了解，照顧自己不是犧牲他人，而是確定你有足夠的精力來照顧他們。

辨認自己的原型：你是照顧者嗎？

在閱讀這一章節時，你是否對照顧者的描述心有所感？如果還不確定這是不是你的原型，看看以下的照顧者行為模式與特徵，看看它們是否讓你感到認同。

照顧者
行為模式與特徵

- 你天生充滿慈悲，關懷他人的幸福，而且你迫切要根據這些感覺來行動。
- 你最大的強項就是滋養他人。你無法拒絕他人請求協助。
- 朋友與家人需要情感支持時，就會找你。
- 你深受照顧工作所吸引，甚至已經是這類工作的從業者：例如護士、安寧照護、心理治療、社會工作、教師、廚師或兒童照顧。
- 無論你喜不喜歡，你總會照顧其他人。
- 你註定要成為家人的照顧者。就算在童年時，你也會照顧兄弟姊妹。
- 你通常給的比接受還多。
- 你沒辦法從需要你照顧的人的身邊走開，即使在最讓你感到挫折的狀況下。
- 你通常會在別人開口前就感覺到他們的需要。
- 你天生就能讓別人有最好的表現。人們總說你是最棒的聽眾。
- 你將幫助他人視作自己的天職。你重視他們的需求更甚於自己的。
- 你是慈悲與慷慨用之於世的模範。

如果你認同本章所描述的照顧者行為模式，那麼這很可能就是你的原型。你或許已經認為自己是愛照顧人的人，但從未領悟到「我就是照顧者原型」。知道自己是原型照顧者，會對生命產生什麼改變？

認識自己會開啟許多可能。擁抱自己的原型身分，或許會讓你重新思考自己生命的實際層面，例如該從事什麼樣的工作或職業、或是如何安排自己的優先順序。不過這也觸及你的更深層面。你的原型是靈魂目標的藍圖，與它連結會讓你轉變自己與他人的生命。當你擁抱照顧者原型，你便會成為全世界慈悲與慷慨的模範。

照顧者會是世界舞台中力量強大的演員。具備這個原型的人通常出現在具有影響力的位子上，因為他們對他人高度敏感，能好好照顧自己的員工、同事、社區。當然，某些最好的照顧者是家長，但泰瑞莎修女不也是照顧者嗎？她的孩子就是加爾各答窮困的居民、慈善中心的修女、投入她們的使命那數以千計的志工——當然還有全人類。她的力量不下於任何一位世界領袖。

投入你的原型：運用照顧者的力量

當你認同於照顧者原型，便要開始在生命中將它表現出來。要達成這點的方式之一，就是真誠地給與。如果你感覺不得不給與——有個人站在你面前，迫切需要幫助，所以你怎麼能拒絕呢？那麼結果造成的傷害將比益處更多，不僅是對你所要幫助的人，更是對你自己。真誠面對自己的照顧者原型表示——要發自內心地給與。在你匆忙趕去協助之前，有意識地暫停一下並檢視自己內心，確認這不是習慣性的回應。

真誠助人的另一面向就是，考慮自己的協助是否最適合需要幫助的人。或許其他人更有資格能解決這個問題或提供需要的協助。

學習如何平衡自己的給與，也是發揮照顧者原型力量所必需。關鍵之一就是要致力於將照顧者技能用於自己身上。你可以選擇給與自己某種你輕而易舉就能供給他人的滋養與照顧。剛開始，這感覺起來有點尷尬和做作；你要消除的是一生累積的習慣。不過，你可以從小處開始，進行簡單的行動：

- **儘管你非常想說「好」，還是要重新訓練大腦去說「不」**。這麼做不是為反對而反對（照顧者失去生命能量的原因就是疆界充滿孔洞或根本不存在）。下次你的孩子說：「媽媽，給我一杯水。」你可以說：「不，親愛的。請你自己去拿。」如果老闆總是等到快下班的時候來請你加班，你可以說：「對不起，今天晚上不行。我有別的計畫。」即使這代表第二天你要一大早就進公司，但你仍是為自己挺身而出，提醒老闆你在工作之外還有自己的生活，而他也需要尊重你的生活。

練習說不的好處在於，教導你理性的抉擇，而不是靠反射動作。此外，行動以前先暫停一下，好好的思考，這讓你好好評估正確的答覆是否為「好」。

● **明辨**。匆忙伸出援手前先暫停片刻，這也讓你思考自己的行動步驟。你可以問自己，如果你不介入，這個需要幫助的人能否過得去？你也會學習分辨需要幫助的人以及只想靠別人的人。你可以考慮自己不插手會不會更好。這是否會讓那個人透過自己解決而變得更堅強？照顧者如果總是溺愛「長不大的孩子」，就會陷入母親原型的陰暗面。你聽過這個說法：給人一條魚，他只能吃一天；教他釣魚，他一生不愁餓肚子。習慣性過度給與的照顧者，應該思考是否有更啟發性的方式來幫助對方。

● **要相信幫助正等待著你**。照顧者很難相信其他人會幫助自己。或許這是因為童年時候其他人沒有為你挺身而出。不過，會不會是因為你總是推開別人伸出的援手，因此訓練了其他人不要關心你呢？讓其他人關心你，或許是照顧者最難的一課，不過你的幸福全靠它了。如果你感到悲傷而需要他人陪伴，當生病且需要真摯的關愛，當你需要做某件事但你感到害怕且需要支持，請開口。不要等別人感覺你的需要。許多人都不像你那樣具有直覺感受。請當面開口：「我需要這個。請你幫忙。」等到援手來到，請不要跑開。

● **願意關上大門**。這是照顧者的挑戰之一：出門吃晚餐，將手機和平板電腦放家裡。給自己幾個小時的時間休息。如果你會感到強大的罪惡感並因此毀了自己還有其餘與會者的晚餐，可以預先請別的照顧者待命，讓其他會打電話給你幫忙的人聯繫你的代理人。更好的是，把你的電話交給代理人。

● **健康檢查**。這是認真的。其他人都知道該找醫師，但是照顧者得用擔架抬去醫院，因為她向來不承認自己也是人。安排身體檢查，定期做牙齒檢查。不要讓其他人影響你和醫師的約會。如果你像多數照顧者一樣忽略身體能量快要耗竭的警告信號，那麼請朋友或家人提醒你——嚴肅地承諾自己會聽從他們的告誡。

認養。不，不是小孩，除非你想。如果生活允許，考慮認養寵物。寵物非常需要我們；貴賓犬或鸚鵡無法自己煮東西吃，也不會自己鋪床。寵物無條件地愛我們，即使我們把牠們關在籠子裡幾個小時。從收留所拯救寵物符合這個原型的性格。如果你將愛與關懷投注於寵物身上，你就不會想過度地給與其他人太多的關心（對長毛與長翅膀的孩子來說，再多的愛也不夠——魚兒則不會注意到）。

和任何原型一樣，擁抱照顧者力量很大一部分就是——要了解什麼讓你能在生命中前進，什麼會阻礙你。

在哪裡獲得力量

- **有意識地決定何時及如何照顧某人**。
- **出於慈悲而照顧他人**，絕不是出於義務或罪惡感。
- **照顧好自己**，好讓自己具備生理、情緒與靈性的韌勁來照顧他人。
- **完全接受自己要為他人伸出援手的使命**。

在哪裡失去力量（及如何重新尋回力量）

- **允許對他人可能想法的恐懼控制自己的行動。**聚焦在行動而非憂慮，同時記得，自己已經盡了全力。
- **將照顧他人當作獲得愛或其他回報的方式。**如果你感覺自己愈來愈有控制慾，請退一步，直到動機純淨為止。
- **拒絕他人向你伸出援手。**就接受吧！記得，照顧者的挑戰是要照顧好自己。

照顧者自我查核清單

- □我花時間滋養自己。
- □我致力於關懷自己如同關懷他人。
- □我學習分辨何時該幫助，何時不該。
- □我不會對我選擇要幫助的人心懷怨恨。
- □我會快樂地實踐自己照顧他人的使命。我感恩自己有服務的機會。
- □我感謝他人為我做的一切，也會樂於接受。

□ 需要幫助的時候我會開口，也會接受他人提供的幫助。

結語

照顧者是最受愛戴的原型——也最充滿愛。如果你就是照顧者，要體會自己的使命就是照顧他人。你會自然地吸引需要你照顧的人。要知道，在幫助他們的同時，他們也在幫助你。他們是你生命中的導師。

第七章

時尚者

Fashionista

原型家族：時尚。
其他表現：品味決定者、十分重視風格的人、女神、模特兒、歌后。
生命旅程：追求無關乎外表而是關乎自我成長的生命。
獨特挑戰：隨著外表的美，同時發展內在特質。
宇宙課題：發現他人根據外表而非人格特質來評斷你會多麼痛苦。
決定性恩典：熱情洋溢。
內在陰影：不會變成天鵝的醜小鴨。
男性面向：紳士。
神話：人要衣裝。第一印象只有一次機會。醜小鴨變天鵝：賣花女與灰姑娘。
行為模式與特質：時尚者會……

- 喜愛時尚但不受其奴役。
- 外表總是光鮮亮麗。
- 運用時尚培養真實的自我價值感。
- 幫助非時尚者找出個人風格。

生活挑戰：我如何塑造一種生活，足以反映真實的我並為我帶來力量？

✣ ✣ ✣ ✣ ✣ ✣

生命旅程

時尚者是我們各種原型中另一個混種。這個原型新近加入，流行的原因來自媒體、時尚與八卦雜誌、模特兒與設計師服裝的風行、還有網路的力量。它們結合成的化學作用，創造了西方歷史上未曾有過的時尚關注。

將時尚者視為著迷於服裝之人，不僅不恰當更不精確，因為這完全忽略了這種首席紅毯之星原型內在，隱藏且繁複的靈魂旅程。時尚者是探索個性與自我價值的產物，而此種探索，正是這種原型的生命旅程的基礎。

追溯時尚者的演進，我們會發現，在歷史上人對於服裝的選擇和權力（而非設計）關係更為密切。今日的時尚者，其實繼承了幾世紀來延續的傳統。

人類有種原型需求，要透過穿著向世界展示我們與力量的關係。無論那是掛在腰際的護身符（古時相當流行，現今也捲土重來）、戒指上的家族紋飾、或是今日高價的設計師鞋款，人類在面對世界時，總得配備某種事物來彰顯社會地位，同時表達「我有力量」。當考古學家檢視剛發掘的金字塔與其中幾千年的屍體，他們通常只需看看家常衣物殘留的細小符號，就能推斷這個人可能的人生故事。他是僕役嗎？是法老王的大臣嗎？那個小小的符號就包含足夠的身分與力量，讓三千年後的人們能夠了解他的服裝對當時的社會有何意義：「我是皇室家族的成員」。

所以早在服裝成為時尚之前，它便已是力量與身分的象徵。古代的力量服飾或許包括戰袍、禮服、巫醫的法袍。而今日的力量服飾只是古老主題的變奏。像是：皮衣（尤其是黑色皮衣）傳達的力量多過棉衣，因此設計師有意運用皮衣來傳達性與誘惑的力量，包括潛在的調情與禁忌。

是否有設計師意識到這點還不確定，不過當他們勾勒自己的新裝時，他們不僅是要創造風格獨具的衣著，也是在具體實現力量與幻想的心靈能量場，而會買下這件心靈能量與力量的——就是時尚者。在無意識中，設計師與時尚者共同進行了一場力量儀式，其他地方的人則會重現這樣的儀式。

回到中古世紀，從你頸部與手腕所戴的飾品，到你騎的馬與揮舞的家徽，都能讓人一眼看出你的生活地位——是富有或貧窮、貴族或平民、騎士或士兵、公民或異邦人、地主或農奴、大商或小販、船長或水手、守衛或罪犯、學富五車或一字不識。你的衣著就是你的故事與歷史，彰顯你的成功或失敗。

到了文藝復興時期，魅力誕生了。穿著開始說不同的故事。只為生存的服裝走入歷史，時尚與設計走上舞台。通往東方的貿易路線開拓，提供各種絲織品與奢華的服飾，有閒錢的男男女女開始打扮自己為裝飾品。接下來幾世紀，國王、女王與朝臣間無盡的舞會與社交場合，將合適的穿著由「有什麼穿什麼」提升到了裝飾著豪華珠寶與絲帶的服裝，例如法國國王路易十四的凡爾賽宮。路易國王將時尚提升為一種行為規範，而此規範竟然繁複到，沒有一絲不苟地遵循的人可能會立刻遭受懲罰。

在歐洲貴族圈裡，穿著可以為人贏得風格與優雅的聲望，不過很快的，作為輕薄有趣的時尚逐漸演變為神祕與謎團的代表，甚至帶點危險。衣著由單純代表社會地位逐漸成為一種媒介，傳達著更大膽的訊息，充滿性與權謀的意涵。這是不是很熟悉呢？想想今日的時尚所傳遞的訊息，其中已包含著這些。

時尚可以是盾牌或是包裝紙，端看穿著者是感覺不安還是充滿力量。時尚者明顯地意識到衣著是象徵性的力量語言，而如果這就是你的原型，你的生命旅程不是衣著本身的故事，而是一部自我成長的史詩。時尚者的衣著是自我表現的媒介。透過每一種時尚者將自己包裹起來的新發明，她其實是說：「世界，看看我吧！」她走在街上，掃視他人眼光的回饋，思考他人是否喜歡自己的樣貌。

如果你是當代的時尚者，你是由兩種相反的力量所構成。其一是一九六〇年代到一九七〇年代的女性主義運動，讓女性渴望表現的自由並開始欣賞自己的身體。其二是模特兒事業、化妝品工業、時尚出版品的興起，讓女性的心靈認為自己永遠不夠瘦、自己可能會太老。老化成為女性最大的敵人，其次是體重增加。當廣告呈現十九歲的模特兒承諾給六十歲的女性年輕且容光煥發的皮膚，背後隱含的訊息其實是：「如果你看來比她還老，你在這世上就死定了！」

因此，時尚者活在矛盾中——你內在的女性主義者鼓勵你去發現自己的力量，但有另一個聲音貶抑著你最微不足道的瑕疵，無論那是真是假。身為世界級購物者的時尚家——這類時尚者很多——當他們觸及內在的女性主義者並追求自我價值感時，經常會處在購物模式之中。購買時尚物件幾乎無關花錢的樂趣，而是關於角色扮演——想像自己希望達成的狀態，也許是等你成功減重或是得好好打扮以參加特別的派對。

對許多女性而言，時尚購物是最高的自我成長夢想。也正因如此，對時尚者而言，發展自我價值感是最核心的。對你而言，美麗與時尚正是你賦予自我力量與內在成長旅程的投射，這點遠遠超過其他原型。時尚者可能會將「這不是最適合你的上衣」當成最重大的個人拒絕，但藝術家原型則會一笑置之，甚至將上衣反過來穿，隨手反擊般地說：「現在喜歡嗎？」時尚者完全認同於自己的身體，將人體當成活生生的藝術品。所以如果這是你的原型，你首先也必須喜歡處在自己的皮膚裡。

你必須記得，時尚不只是知道什麼是當季流行、哪個設計師握有伸展台鎂光燈的焦點。你需要自我價值感，以好好表現出各種時尚。對每個優雅成熟的時尚者而言，要記得，你會隨著年齡愈來愈好。時尚力量不需要用無止盡的節食或美容手術來打造自己的身體。你可以用個人風格穿出內在力量，無論體重、體型或年齡為何。

獨特挑戰

「時尚」這個字，會讓多數人聯想到漂亮的模特兒、昂貴的服飾、最潮的風格。不過，時尚者並不是因為它們才喜愛時尚。除了打扮多麼動人、美麗、甚至引人注目之外，時尚者內心真正想到的是個性——真正知道自己是誰，同時要創造能反映自己全貌的時尚宣言。

這個原型喜歡被注視、崇拜、模仿。你生來便能混搭不同物件，能穿出不尋常，將瑣碎事物搭配成高檔的設計。缺乏你這種技巧的人可能看起來像是摸黑穿衣服，但是你用一點想像力還有更多巧思，便能用對的絲巾和珠寶，將尋常轉變成動人。法國人會說，時尚者毫不費力的風格是 *je ne sais quoi*——一種難以定義的特質讓一切變得動人而傑出。

通常當女性聚在一起，閒聊的主題都會轉向最新的風潮。如果提到最動人最有創意的衣著，某人總是會說：「我真希望我能穿那樣的衣服。」非時尚者的女性嫉妒著穿著奢華服飾且相當適合她的女性——這是力量與風格的單純結合。要達成這點不在於是否買得起設計師服飾，而是要知道自己核心的本質、明瞭哪類時尚代表你個人力量的智慧。這是創造完美時尚宣言的配方，無論你穿什麼。如果不相信，你可以嘗試相反的方式。穿上非常昂貴的設計師服裝，要是你很愛但知道不適合你的那種，然後看看自己感覺如何。每個人都曾買過一堆衣服回家，結果在店裡看來很棒，但最後我們卻不去穿它。為什麼？因為這些衣服一穿上就讓我們感覺「失去力量」。或許顏色不對，或者底邊有錯，或者風格讓我們的臀部太過引人注目。站在自家鏡子前，最後的結論是，雖然這套衣服在店裡看來很合身，但是現在看來卻很笨拙。

並沒有典型的時尚者。每位時尚者都有自己的體型、膚色、髮型、個性、還有獨特的設計師品味。你或許受到經典設計的吸引——例如奧黛莉赫本或葛妮絲•派特洛較為世故的淑女裝扮。或者你喜歡隨性——這個一點、那個一點，就像《欲望城市》裡的凱莉這個角色。或者你追求由回收及有機材料製成的「綠色服飾」——它們不僅時尚，更因負起社會責任而更受人喜愛。這正是終生茹素的英國時尚設計師史黛拉•麥卡尼（Stella McCartney）所採行的方向。

身為時尚者，創造自己的時尚宣言不只是嗜好，更是存在的核心。正是藉由這種方式，時尚者原型透過你來表現。如果你真的與這個原型共鳴，那麼你穿著打扮的方式對你而言具有象徵性的權威，這也是其他原型所無法理解的。例如，運動員完全不能理解為何時尚者得閱讀最新的時尚雜誌。但身為時尚者，你的打扮需要投射出自我的內在價值，同時也要適合自己的身體型態。換句話說，你要打扮的不僅是身體，還有心靈。

然而，即使是時尚者，也很容易受到當今市場上多元的設計所誘惑。不過，只為了當前流行便穿著這類設計師服飾，是否構成時尚者的自我背叛？的確，各位時尚者比起其他人更能躲開時尚謬誤，規則依舊有效：「根據自己的原型來穿著打扮」。原型決定了你時尚的舒適圈，因為它們是你想像力的引擎。

對時尚者來說，創造自己的時尚宣言不只是發展內在的自我感，也是決定什麼風格最能突顯自己。你所需要依循的唯一「規則」就是，不要讓其他人的想法決定你該如何穿著，這樣便可以讓真正的時尚者開始出場。

宇宙課題

時尚者的宇宙課題就是——見證並發現他人根據外表而非人格特質來評斷自己，是多麼的痛苦，並從中學習。沒有人喜歡被批判，尤其是關於自己的穿著。不過說真的：時尚者是這樣的專家，而這也不是你最好的一面。你只需快速掃視某位女士一眼，便能判斷她的穿著是否有品味，同時決定她是否值得結識。沒有什麼事業像專門捧人上公眾舞台的事業那麼充滿嫉妒、競爭、批判。決定其他人看起來如何，正是時尚與美容業黑暗且不常為人所知的一面。

我聽過最揭露真情也最誠實的故事是來自一位時尚者模特兒，她在經歷靈性轉捩點時參加我的演講。她當時正在年齡線邊緣，意思是由於容貌是她的資產，所以歲月不是她的朋友。她當時快要三十三歲，對她的工作來說，代表已經過了中年。當時她得和十五歲的人競爭，而壓力快要讓她喘不過氣來。

她說自己之所以轉向靈性法門尋求慰藉，是因為一場痛苦的事件。一位年輕的模特兒化妝打扮完後來找她，問說：「我看起來可以嗎？」那個女孩很緊張，因為那是她第一或第二次入鏡，而她希望能有資深模特兒給她一點保證。「我只需要告訴她、說她看起來很棒，因為她確實如此，但我就是做不到。」這位女士告訴我，「我沒辦法給她信心，因為她的青春和美貌讓我太害怕了。所以我告訴她，說她看起來很好，可是我的語調卻不是那麼一回事。我有意地剝奪她的力量，讓她不喜歡自己。這很有效，我從她的眼中看出來了。她一從我身邊走開，我便感覺強大的羞恥感，讓我想追上去告訴她說她看起來很美，但是我仍然做不到。這時我才知道自己失去了什麼。我沒有足夠的滋養，我的內在沒有足夠的『我』，讓我能讚美這個新人。不管我的外在成就了多少，我的內在仍舊是個空殼。」

我告訴這位勇敢的美女，「空殼」是無法做出像她所發現的那種誠實與自我反省的。雖然她或許永遠再找不到那位年輕的模特兒，她仍決定向內觀照自己燃燒的妒火，處理自己個人苦難的根源。只要她覺得不安全，她便會將每個人當成潛在的敵人，無論自己多麼成功或美麗。

時尚者喜歡被觀看，但也同樣害怕被批評或羞辱，特別是因為「時尚的不完美」，例如她們的穿著風格不搭調。再有多少裝飾都無法讓嫉妒、情感不安、空虛感這些黑暗感受消失。黑暗情緒可以讓你變成那位時尚者模特兒，將自己的嫉妒與負面情緒投射到他人身上。

讓我們真正去面對：你總會找到比自己年輕且有吸引力的人。但是她們是否更仁慈、更體貼？這些才是重要的特質，而它們將隨著歲月而更加美好。構成「你」的必須是比你身上的服裝更為強韌的事物，不然無意的眼神就會讓你崩潰。同樣重要的是，要記得那全面的嫉妒心是什麼感覺，以免你用它傷害別人。

全世界最時尚的外衣都無法彌補低落的自我價值感。不過，當你覺得自己很讚，那麼任何一件外衣都將和你速配。

決定性恩典：熱情洋溢

時尚者的恩典是熱情洋溢。熱情洋溢被經驗為一種感受：不是情緒，而是一種不受束縛的熱情與因為身為「你」、身為不加任何裝飾的自己，而滿溢的喜悅感。換句話說，你全心欣賞自己生命的美麗與美好。這種深刻恩典的天賦讓你領悟，你其實不願意改變自己或自己的生命的如是樣貌。

顯然，這個恩典非關時尚本身，而是關於你如何塑造自己全部的生命。熱情洋溢恩典強化你的欣賞與熱情，好讓你領悟自己內在的能力，與生命中美好的元素共鳴。多少次你或許希望事情不是現在那樣，但更深一層的真相，如果有機會，許多中堅時尚者幾乎不做什麼改變。當然，誰都會想消除慢性痛苦、嚴重的疾病、麻煩的債務。不過，一旦要改變本質的你——最深處的你的本質——許多時尚者不會做這樣的選擇。倘若你細查原因何在，重點在於：時尚者具備這項內在能力，能將尋常轉變成驚人。你善於看出他人與自己潛在的美。

這正是熱情洋溢此一恩典真正發揮之處。當恩典進入你的心靈場域，無論是哪種恩典，都會立刻提升你的自然天賦。熱情洋溢通常表現為一種感受，讓你能強化另一個人的潛能——這項讓你看見美麗的天賦能夠改善其他人的生活。恩典通常喚醒你給與的渴望；透過分享你那轉變平凡事物的天賦，你便能領悟到自己內在的美以及所能給與世界的一切。

因此，熱情洋溢這項恩典是要喚醒他人內在的美，就如發現你自己的內在天賦有多深——它增添了你生命的美好。當你活在當下，這樣的感受也將更為豐富。機會與幸福在生命中持續流動著，但你認出它們的能力會因聚焦於過去而大大削弱。

如果你和生命中的美好失去連繫，熱情洋溢這項恩典也會是你需要去連結的。恩典可以重新點燃活著的快樂，讓你重新覺醒，領悟到這世上再沒有另一個你。

內在陰影

身為時尚者，你的脆弱之處就是要與虛假的美的標準角力。伸展台模特兒不是苗條，而是瘦骨嶙峋。臉上有條皺紋就該施打肉毒桿菌、多點脂肪就該抽脂。你可能耽溺於不可能的事，然後用時尚來彌補自己像醜小鴨的感覺。當你受制於醜小鴨症候群，你要不就什麼都不買，要不就買下所有不適合你的事物。時尚者的陰暗面就是，在心理上認為自己失敗：沒有吸引力、過重、早衰——因此失去力量。你乾脆從橋上往下跳好了。

某些醜小鴨始終活在這種內在的陰暗角落，那真是地獄。當你找不到一點原因來愛自己或發現自己的美，就連呼吸都會像要多花力氣。彷彿你的心很早就鎖定著某個負面影像，或許是好妒或多管閒事的母親說你應該看起來如何如何，或許是玩伴取笑你的外貌。

醜小鴨症候群的兩個副作用是厭食症與暴食症。醜小鴨覺得自己因為不是完美的天鵝而受到批評或拒絕，因此決定以她知道的唯一方式來控制自己的身體。醜小鴨陰影毫不留情，不完美的聲音永不止息。如果放任不管，它會時時在你耳邊低語。受到醜小鴨症候群所苦的時尚者，即便症狀輕微，想要脫逃就必須去領悟，每個人（你自己也不例外）的內在都有個真正的自我，它就是美麗的天鵝。

男性面向

對各位男士，如果你們認為自己是時尚者的男性面向——紳士或潮男——那麼前面關於時尚者的敘述也適用於你們。這個原型的核心元素不會因性別改變。不過，男性時尚者在外觀的表現方式有所不同。

紳士這個原型已經出現幾世紀，而當今的紳士也繼承了豐富的騎士和領主傳統，體現出優雅、傳統、儀式。另一方面，潮男沒有太久的歷史，而是時尚、化妝品工業、以及負責報導的媒體所創造出來的混種。女孩會期望紳士為自己開門並且請吃晚餐，在她來到桌子時站起來，幫她掛外衣，做些微不足道但貼心的小事，這也是這個原型的特質。不過，是否有哪個女孩期望潮男為自己做這些事呢？我想應該沒有。潮男很可能正忙著照鏡子檢查自己的髮型。

簡言之，潮男發現了自我還有自己的身體潛能，促成男性美容工業的興起，這樣的事業在這種混種原型出現前未曾存在。達成完美雕塑的身形或髮型（不是只去剪剪頭髮）的重要性大大提升，因為潮男出現在雜誌封面，捕捉了好萊塢的觀眾，取代了古典的紳士。潮男和運動員原型主宰了媒體「最性感男人」的榜單。潮男百般雕琢的「溫柔面」大半是膚淺的——愈來愈習於梳妝打扮，包括修指甲、美腳、染髮、做臉甚至化妝。如果說紳士的目標是透過穿著帥氣的時尚以「追求」美，那麼潮男的目標就是「成為」美，成為最新時尚的焦點，讓自己成為人人追求的對象。如果說浪漫是源自紳士的內在——想想卡萊．葛倫、佛雷．亞斯坦或史恩康納萊這些浪漫經典——那麼對潮男而言，浪漫則是環繞他們身邊的人為編造，一種形象的投射，因為潮男缺乏浪漫的性驅動力。潮男的驕傲與力量投資在健身與風格，而非實質。隨著潮男的興起，這種幾世紀來首見的風潮讓男女時尚者原型彼此競爭，為了成為最美的那一位。

不過，以原型論，混種的潮男只是驚鴻一瞥。他來去匆匆，最後留下的將是那具備內在優雅的紳士原型——領導男性、浪漫男主角。

時尚者神話

時尚界最代表性的神話就是「人要衣裝」以及「第一印象只有一次機會」，其次就是「沒什麼比風格更重要」。你儘管可以抗議說「我對時尚不感興趣」，但我會回答「這完全是胡說八道」。事實證明，每個人都以某種方式對時尚感興趣，即使你不記得自己上次是什麼時候買衣服的。不是每個人都是時尚者原型，但是我承認，我看奧斯卡頒獎時會注意名人怎麼穿，就像多數的美國人一樣。我認不出設計師的牌子，不過那沒關係。我喜歡看人，就像數百萬對好萊塢時尚名人生活感興趣的觀眾一樣。雖然這些紅毯上的女性多半都是由服裝師為她們打扮，但她們仍是活生生彰顯出「人要衣裝」的神話，而我們喜歡看她們如此表現。

另一個時尚者的神話就是從落魄到發達的故事，最有名的兩個例子是賣花女和灰姑娘。在古希臘故事中，畢馬龍是位雕刻家，他愛上自己雕刻的作品。我們也知道蕭伯納的劇本與音樂劇《窈窕淑女》，故事中亨利•希金斯教授接受挑戰，要將話說不清楚的賣花女伊麗莎•杜立德變成上流社會的仕女。他的成功取決於伊麗莎要學會正確的發音和禮儀，換句話說，她必須通過當時英國時尚者的測驗。我們也知道，她成功扮演上流社會的的角色，但仍保有真正的自我——因此在過程中，她贏得了她的畢馬龍的愛。

在灰姑娘的故事中，一個魔咒、一雙玻璃舞鞋和一位英俊的王子，觸動了一名年輕女孩轉變成時尚者公主。在這個原型神話的版本中，灰姑娘進入這迷人的世界——「美夢成真」。灰姑娘贏得王子的愛，從此過著幸福快樂的生活。灰姑娘的故事仍是原型經典，不只因為我們喜歡公主遇見王子的故事，也因為我們深深著迷於「轉變」這個概念。是否真的可能由一個自我的呈現跳脫到另一個，就像故事那樣？化妝和時尚，是否能有神仙教母魔杖那樣的魔法？或者需要好久的研究與練習，最後也不保證能成功？

現在，許多電視實境秀便是建構在時尚與化妝所具有的轉變力量。他們不能保證給你王子（或公主），但運用了這樣的神話：轉變後的男女，有著現代時尚者的穿著，也在社會上更有機會出人頭地。總歸一句，我們從時尚者身上學到的是，衣著與時尚並不相同。衣著是實用的，時尚是有趣的。衣著不帶任何神話、故事或童話，但時尚卻有。時尚能將你尋常的部分轉變為獨特，至少暫時如此。時尚帶我們進入自己的神話。這多麼有趣！

生活挑戰

時尚者的創意本能並不限於時尚。事實上，任何原型的影響範疇都不是僵化不變的。每個原型（至少很多原型）的特徵都會融入你生活的各個層面。對時尚者來說，這表示他們對時尚的愛或許會延伸到喜歡有風格的生活環境，甚至是時尚的社交生活。時尚的生活方式或許代表出現在正確的餐廳與俱樂部裡，或許在流行的地方度假，例如聖巴瑟米島或聖特羅佩。不過「流行」是一種心態，不是衣裝的形容詞。它結合了態度、風格、設計、禮儀和自我形象，共同構成一種全面的生活方式。

別誤會我的意思：時尚的生活方式需要努力來建構並維持。身為時尚者，你的挑戰就是創造反映你這個人、為你帶來力量的生活方式。你需要愉快地接受自己的身體、心靈和衣著。你的生活方式必須是你最大的個人設計，因為信心將是你最棒的配件。

辨認自己的原型：你是時尚者嗎？

你或許是堅定的時尚者，或只是喜歡漂亮衣服，或追尋時尚是為了社會地位。這中間差別相當細微，有時旁觀者無法分辨，不過它們源自於對時尚與力量兩者間的關係有不同的觀點。有很多女性喜歡根據最新的風潮打扮自己，匆忙地想第一個穿上重要設計師最受談論的服裝設計。這些女性是時尚的奴隸，無視於標籤上的價格，只要讓其他人都知道「我了解最新的時尚是什麼，而且我負擔得起。我死也要穿設計師設計的衣服。」對這些女性而言，力量來自於投射出地位與財富的形象，來自將自己表現成菁英階級。不過，這是力量的幻覺。從頭到腳穿上香奈兒的衣服，只不過讓你成為走動的招牌而已。

這類時尚犧牲者和時尚者相當不同。如果你是真正的時尚者，你在乎的不會是伸展台上最熱門的款式，而是搭配好服裝來呈現個人風格，並傳達出你心目中真正的力量——亦即由內而外發出、不會誤認的自我感受。你穿著香奈兒的方式可能是：用香奈兒的外衣搭配年輕新銳設計師的牛仔褲、大賣場每件三百九十九元（台幣）的T恤，再加上看來很棒但可能不是當季或知名品牌的鞋子。

時尚者的你知道如何讓自己看來很棒，無論在任何場合或是搭配各種款式的服裝。你了解力量穿著的概念：重點不是知名品牌經銷商的手錶，而是要具有象徵意義的配件或珠寶才能說出個人的故事。它或許價值百萬，也或許不值一文，但它對你是無價的。它表現出你的本質——你的美學觀、價值觀以及自我價值感。

身為時尚者，你不僅知道自己穿什麼好看，也能為他人創造同樣的魔法。你對美的天生熱情與眼光，是你樂於分享的天賦。穿得好看只是你天分的一部分：你讓全部的生命成為自己的時尚宣言，也是真正自我的終極表現。

還不確定自己是不是時尚者嗎？看看下頁列出的時尚者行為模式與特徵，看看你是否感到認同：

時尚者
行為模式與特徵

- 你能讓自己看來很漂亮，不管穿什麼都一樣。
- 你穿自己的衣服，不是讓衣服穿你。
- 你將時尚當成培養真實自我價值的工具。
- 你是聰明的購物者，喜歡嘗試新風格。
- 你投資那些會呈現出真正的你的物件，而非呈現別人認為你該是的樣貌。
- 你從他人身上看到美，樂於幫助非時尚者找到自己的風格。
- 你不會胡亂節食，而是透過運動與正確飲食來保持健美。
- 你的購物活動只是探路，為的是找到讓你更有力量的穿著。
- 你喜歡支持新人和其他有創意的設計師，選擇穿著他們的時尚作品。
- 你的個人風格經常受人讚賞（甚至嫉妒）。
- 你將時尚視為自己的藝術媒介，而你的身體就是你的畫布。
- 你設定自己美的標準，避免將自己與他人比較。

投入你的原型：運用時尚者的力量

知道自己是時尚者不代表你每次都會做對。即使是時尚者的衣櫃或家中其他地方，也會有錯誤的設計。但是因為對你而言，時尚不只是表面上的好看，你很願意學習。以下這些建議，可以幫你觸及自己內在的時尚者：

- **清理自己的衣櫃**。最消耗能量的就是東西太多，特別是太多我們從不使用的東西。對時尚者而言，衣櫃是能量的無底洞，裝滿了曾經深愛的衣服、具有紀念價值的事物、還有失去作用的力量圖騰。你一定聽過：如果兩年內沒穿過某套衣服，你或許再也不會去穿。如果你捨不得與它分開，可以存放個一年。同時，要明辨該拋棄什麼。時尚者的衣櫃是她的檔案庫，通常包含了代表性的設計。留下美麗的物件以及設計的很美的。很可能，有一天你會再拿出來穿，甚至是公開展示。
- **要無情**。絕不要做的就是留下某件衣服，只因為你告訴自己有天你會瘦下來就可以再穿。當你真的減肥了，你我都知道，你會買新衣服慶祝。所以，把這些苗條的回憶全都回收吧！努力保持健美。
- **聯絡專家**。時尚者很難承認有些時尚是自己不熟的。不過，假如你的風格正在轉換，或者你希望冒險嘗試不同的穿著，那麼找人幫忙沒什麼好丟臉的。除非你最好的朋友是從未出錯的時尚者，否則請聘請一位時尚顧問。這樣的投資很值得，長遠來說可為你省下許多麻煩。找個有品味、有想法的人過濾你的衣櫥，找出不符合你自我定位的服飾。如果對你而言，裝扮心靈和裝扮身體同等重要，記得，挑選與你的價值觀相稱的人。

目標要明確。你想重新整頓自己的衣櫥，增添或取代某些服飾，或者全部送出去並重新開始？許多時尚顧問都和店家與設計師保持聯繫，能夠給你折扣。記得要確定自己不要陷入那樣的思維，以為自己得穿「專家」說適合你的每件衣服。記住：多數的銷售員都是為了佣金工作，所以無論他們多麼想幫忙，最終他們的目標還是賣東西給你。

- **找出自己的色彩**。時尚應該是有趣的。享受時尚、建立讓人欣賞的服飾收藏的方式之一，就是與色彩顧問合作，或去上色彩學課程了解什麼顏色搭配自己皮膚和頭髮的顏色（別擔心：你會有很多色彩變化的選擇，所以就算你發現自己是「秋天型」、適合大地色調的服裝，也不會只有芥末色可選）。穿著適合自己的色調會賦予你強大的力量。穿錯的顏色的設計師上衣，遠不如穿顏色適合你的舊衣服更為你帶來自信。保證。

- **玩扮裝遊戲**。沒有人說你得永遠穿著同樣風格。這就是時尚者的樂趣。讓自己接受各種不同的設計。我朋友的朋友曾在午休時間在高檔的百貨公司設計師專區嘗試各種衣服。她不可能買得起這些時尚衣服，但是藉此培養了非常敏銳的顏色、設計與工藝感，讓她用自己的衣服搭配出非常美麗的外衣。如果你太害羞，不敢嘗試知名設計師的衣服，你可以去時尚秀或參觀博物館的服飾展。雖然不能摸，但可以看。對時尚者來說，情人眼裡出西施。

● **讓別人美麗**。慷慨地分享自己的知識最能讓人成長。扮演《窈窕淑女》的男主角，幫助沒有風格感的朋友為特殊場合搭配服裝。別忘了在化妝品櫃留步，幫她上好妝以便導引出她自然的美。

● **獨自購物**。只有你才知道自己希望投射什麼樣的形象、希望世界看到你什麼樣的自我。不要讓你的母親或任何朋友陪你購物，聽她們說：「你知道，你真的不該穿……」

無論你是什麼原型，將它完全表現的重要一步，就是找出什麼帶給你力量、什麼剝奪了力量、以及如何重新尋回力量。

在哪裡獲得力量

● **讓生活方式成為自己個人的時尚宣言**。

● **容許自己自由嘗試新的風格**。

● **強化你的最佳資產**。你知道自己的長處何在，也知道好好發揮。

● **保持良好體態**。美與健康相依相隨。懲罰性的飲食不是解決辦法。

● **要有決斷力**。你對好設計的本能會當場出現。不要對直覺三心二意。

● **活在當下**。沉溺於過往回憶會讓你無法看見自己身邊的美。

在哪裡失去力量（及如何重新尋回力量）

- **倚賴情緒化的購物**來讓自己好過。這沒有用，而且你永遠不會穿那些衣服。只在自己快樂的時候購物。
- **尋求他人認同**。你需要的唯一認同來自於自己。培養它吧！
- **與他人比較**。永遠都有比你年輕美麗的人。注意自己內在的美，只有它才持久相伴。
- **聽信內在的批評家**。如果那個聲音開始說你太胖、太老或沒品味，那麼請塞住你的耳朵。
- **忽略自己內在的力量來源**。你永遠會受到給你力量的事物所吸引。注意那些信號。

時尚者自我查核清單

- □我將自己的生命當成個人的時尚宣言。
- □我的衣著使我感到力量充沛。
- □我不是醜小鴨。我的咒語是：「我是天鵝、我是天鵝、我是天鵝」。
- □我專注於培養內在美麗，這才能持久。
- □我喜歡幫助別人發現自己的時尚者。

□我熱愛時尚，但不是時尚的奴隸。我認為時尚是一種探索自我、表現自我的方式。

□我不會太過嚴肅看待自己或時尚。生命——以及好好穿衣服——應該是有趣的！

結語

對各位動人的時尚者，我只有一個建議：成為你們美麗的自己，這將終生伴隨著你。

第八章

知識分子

Intellectual

原型家族：思考。

其他表現：專業者、學生。

生命旅程：追求知識是為了知識，與在知識的所有表現中發現真理。

獨特挑戰：對新的觀念保持開放。

宇宙課題：分辨理性與真理兩者的差異。

決定性恩典：智慧。

內在陰影：運用知識分子的技能玩心智遊戲並損及真理。

男性面向：知識分子。

神話：如果我是好人，壞事不會發生在我身上。萬事都有合乎邏輯的原因。

行為模式與特質：知識分子會……

- 純粹為了愛學習而學習。
- 回應生命的方式是頭腦先於情感。
- 仔細檢視並考慮所有選項，然後才行動。
- 培養智慧來改善自己與他人生活。

生活挑戰：不要過度思考。

✣ ✣ ✣ ✣ ✣ ✣

生命旅程

要激發知識分子學習，可以用一句話概括：你的熱情就是要探索心智的力量與寶藏。這個原型的生命旅程就是追求知識，好在生命的各個領域發現真理。對生來就帶有好奇心的知識分子而言，活在網路時代就像人間天堂一般：這讓你能夠接收無限的資訊。知識分子在這個數據驅動的世界如魚得水：你邏輯的故鄉就是網際空間。你可以花幾小時上網，無論是進行科學研究、網路購物、發表部落格或是書寫電子郵件。為了把每件事做到最好，你需要電腦連線作業，而且對你來說，上網不是嗜好而是必須。

真正的知識分子會區分資料、資訊與知識三者間的差異。資料只是事實與數據，是資訊的原始材料，像一個同時裝著有用及無用事物的購物袋。資訊是人們彼此溝通的基礎。知識就截然不同了，而知識分子最清楚這一點。知識是了解所有人類心智所能理解的範圍。如果你是知識分子，你的動機就是為了追求知識本身，是來自對學習的熱愛，渴望理解為什麼事情會是這個樣子。

今日驅動世界的是，為了影響力或財務收益而獲取資訊。不過，為了追求知識本身而追求知識不實際，也可能無報酬。然而這樣的知識是純粹的，會強化我們對基本原則（例如自然的循環、星球的行為、某些植物的療效）的理解。出於對真理的熱愛而追求知識，正是知識分子生命旅程的真義所在。

身為知識分子，你最喜歡與其他活躍的心智進行良好交談與觀念的分享。溝通對你相當重要。不過衡量知識分子並不是根據你有多麼能言善道或熟記多少事實，而是你能如何將知識與經驗，整合成對生命的根本理解與體悟。知識分子不會將世界看成一個由個別的人與生物所居住的星球，而是看出其中相互關連的繁複網絡。如果說，情感導向的原型會感到與人類和地球所有生物一種溫暖、舒適、萬物一體的連結，那麼知識分子就是了解了，萬物在原子層面的相互依存，在心理與直覺上掌握萬物背後的科學結構。

智力是我們在各層次進行理性分析的能力泉源：包含邏輯、倫理與道德層面。對思考家族成員來說，智力是無盡的資源，是內在的資訊與知識庫，運用直覺智能組合理性與邏輯。

直覺與情緒智能是智力力量的兩種重要表現，經常在探討智力的討論中被忽略。兩者都倚賴與五感協調一致的精密的直覺運作。多數生活在西方社會的人們都採行傳統教育方式，如此獲得多多少少的標準知識體。目前並沒有這種教育系統來培養情緒或直覺智能，儘管許多人，尤其是女性，都很倚賴這些高度敏感的能力，而且程度就算沒有多過理性心智也不遑多讓。許多學者爭論情緒智能究竟是與生俱來的特質，還是後天習得的能力。不過無論如何，這似乎是可以培養的能力。我們可以更精於解讀其他人的情感訊號，也對他們的需求更敏感。至於直覺智能，我們都已具備基本的才能。每個人都體驗過直覺，那是不靠理性心智而知道事情的能力；但你或許從未想過，那也是精密運作的智能系統的一部分。

直覺智能的發展是來自言行一致，亦即確認你的話語和行為，要和你的感受一致。人類並非生來就能如此。我們在一次次人生抉擇中謀得完整性。給與承諾並信守承諾需要勇氣，即使是對自己。你必須辨認自己的價值觀與靈性信念，確認每天所做的選擇與它們一致。不過，也正是因為這些選擇，才讓你建立起自我價值感。

自我價值感會進一步開啟你，以便接受直覺智能。光憑你的五感並不具備發現幻覺的技能。理性心智也同樣不足。但兩者結合，你便能分辨真理。當你能運用自己的直覺資源並信任它們，你便能避免掉入八卦或惡意的謊言。

你無法靜坐、節食或運動就進到這種精細的意識層次。你必須變成言行一致的人，有意識地選擇面對自己心口不一的地方，並選擇調整自己這樣的部分。

我們稱為智力的廣大資源庫，可以透過閱讀書籍、生命經驗、常識與直覺智能來蓄積。這些合起來，使我們能做出清晰的抉擇。對許多知識分子而言，這個知識庫帶來專業成就。不過許多這個原型的人也發現，作為一名心智產物，你只能滿足你「活出」有意義生活的渴望，無法滿足你對生命意義的好奇。追求知識、探究智力的豐饒，無可避免讓你面對更深刻的問題，像是「我真正的價值是什麼？」以及「我的餘生該用來做什麼？」

獨特挑戰

對知識分子這一類喜愛學習的人來說，你會認為心胸開放應該是第二天性，不過奇怪的是，開闊地擁抱新觀念，對這個原型可真是挑戰。知識分子的心智資料庫就像偉大的大學一樣，大部分是過去的紀錄，裝滿人類積累而來的知識。知識分子可以是萬事通。透過如此敏銳的心，人很容易以為自己比其他人接受更好的教育、書讀的更多、知道的更清楚，所以你要為了什麼（或對誰）繼續開放心胸呢？你有什麼還不知道的呢？對知識分子專業者來說，專門領域的知識與技能賦予你優勢，所以你很難有動力去承認有你沒掌握的資訊。

幸運的是，如果你能打開自己的心，便會有相當驚人的回報。幾年前，我請教一位事業相當成功的男士他的祕訣何在。答案很簡單，他告訴我：「我聘請那些比我更知道這門生意需要什麼的人來幫我。」

常識，我們最有用的智能形式，告訴我們人不可能什麼都知道，即使是關於自己。我們需要其他人的貢獻——他們的回饋、觀點與智慧。沒有人可以獨自生活。即使如此，知識分子可能會發現要辨認他人的才智天分有時是很大的挑戰。能勝人一籌的智能並不專指專業領域。如果兩個非常聰明的人做了不太聰明的事，也就是讓他們的小我（ego）掌握自己的大腦，那麼人際關係可能摧毀。當這種情況發生，他們就會做出愚蠢的選擇。

我們每個人都可能被某種思維方式鎖住，這是源於教育、知識甚至是資訊的有限。最容易採取的立場就是我們自己的，而強化自我的信念不需太多努力。智力的藝術就是保持心胸開放寬廣，時時願意考慮新的觀念。

宇宙課題

西方社會的特點之一就是人們愛上自己理性分析的能力。努力探求事物為何發生以及事物為何呈現其樣貌——這樣的追求可說是烙印在我們的基因裡。我們就是需要知道為什麼。我們假設每個事件，無論是關乎個人或宇宙，背後都有完美的解釋。

這種對原因的需求，讓我們將內在資源導向企圖創造永遠都無法創造的事物——一個完全理性、可操控的生命。知識分子決心要打破砂鍋問到底，將事物回溯根源，彷彿知道第一因便能讓他們控制事件的果。這種原型典型就是去嘗試並發現健康危機的邏輯解釋——某個觸發事件或創傷種下了問題。正是這種「如果我找出這個疾病發生的原因，便能找到解藥」的理性分析方向。這當然是一廂情願，一種偽理性。事實上，生命中所發生的一切幾乎都是複雜的原因與條件所造成——其中許多都不為人知或完全不可知。經驗到要投入這麼多能量去找原因會窒礙難行，所以知識分子開始面對這個原型的宇宙課題：分辨理性與真理的差異。

如果你是知識分子原型，你會受到理性心智的挑戰，因為生命根本不是理性、邏輯、公平的。我們全都會體驗到讓心靈爆炸的事件——感覺起來一點都不公平。為什麼？因為生命的遊戲本身並不以任何個人為中心來運轉。這個地球上有六億個玩家，全都包括在事件的開展之中。你需要自己的直覺技能來穿越生命每一秒和心靈每個角落所隱藏的弔詭與神祕。人際關係當然也不是理性的，療癒、寬恕、以及在所有理性成敗率都勸你不要時仍遵循你的直覺，這些也都不是理性的。可是，如果你回顧自己生命最光彩的時刻，你會清楚看見，在許多情況下，理性思維和所發生的種種沒有多少關係；順從直覺——無論你是否意識到——會導致最好的結果。換句話說，它會引領你走向真理。要找到真理，就不要太過倚靠邏輯，要學會傾聽直覺。

決定性恩典：智慧

智慧是知識分子的恩典，象徵著精練的才智與其最優雅的表現。智慧老者及先知這些原型，傳統上都是社會或部族的智慧傳遞者。悲傷的是，他們在我們的社會中沒有正式地位。我們沒有智慧老者，只有老年人——這些年事已高的成人卻被這個喜愛青春的文化視為負擔。

智慧來自成為指導原則的古老、永恆真理的知識，值得我們據此生活並傳播給下個世代。我的父親曾將我拉到一邊，告訴我說：「我注意到你有些情況，我覺得應該讓你知道。你的記憶力不太好，不過那是好事，因為騙子才需要很強的記性。所以，你在生命中只能說實話。這麼做，你就沒什麼好擔心的。」

說完，我的父親就用力地擁抱我，但我覺得好害怕。不是因為他抓到我說謊——我沒有說謊。我怕的是，「我記憶不好該怎麼過生活？」天啊！我一個八歲小孩，就得設想該如何透過想起每件事確實的真理來過生活。我當場就決定要補救自己不足的記憶力。我做筆記、加倍用功、仔細檢查、認真傾聽。我會做我該做的，這樣才不致於冒說謊的風險。回顧一切，我想我的父親真是聰明，知道該早早就讓我認真投入真理。我發現他對我的兩個弟弟小時候都說了同樣的話，後來我們會為了彼此共享的差勁記憶基因而發笑。不過，弟弟們也發揮同樣的智慧，將同樣的建議傳授給自己的小孩。

智慧這個恩典如何幫助知識分子呢？智慧會讓你在傷害他人之前三思。它是內在的聲音，在情緒衝突中向你低語：「你確定自己想說那樣的話嗎？因為如果說了，這段關係可能會永遠改變。」智慧啟發你考慮自己做的選擇有何後果——亦即它們對你和他人生命的影響。知識分子原型知道宇宙法則，因此也知道一旦做了選擇，就無法阻擋選擇所啟動的連鎖效應。

智慧恩典一再提醒著你和其他人的未竟心事，讓你知道何時該寬恕。它也提醒著你，對這個原型來說，正直誠實是充實生命的基礎。

知識分子原型快樂地深愛真理、尊敬智慧，因此即使沒有智者，只要你活在世界上，這種恩典就不會消失。你尊敬過去的智者，但是你自己的生命也是你最好的智慧導師。你在生命中透過自己的人生經驗積累了龐大知識。你累積的真理教訓就是你的智慧寶珠。智慧通常藏在最大的難題中，而知識分子才能了解，尋找智慧才是通往療癒的真正道路。

內在陰影

智力是一項聰明的設備，其他望塵莫及。對了，它最擅長玩心智遊戲。每個人都會玩不同種類的心智遊戲——我們會陷入這樣的陷阱，想比這個人或那個人更聰明。而且即使我們沒意識到自己正這麼做，我們真的想要某個事物時也會變得充滿控制慾。但是當你將生命當成競賽，只有最聰明的男女才能獲勝——這是知識分子的陰影遊戲——那麼，獎杯需要多少代價才能贏得？

人們玩心智遊戲的理由真是罄竹難書，但全都源於貪婪、驕傲、嫉妒、復仇。知識分子原型的陰暗面，正是採取傷害真理的作為。佛陀的教誨中我最喜愛的，就是當他告訴追隨者不要執著於生命的夢幻泡影，而是讓「美景」由身邊流逝。在那一刻，某些事物彷佛我們必須擁有、控制或成為其一部分。不然會怎麼樣呢？佛陀會說：「不然會發生什麼事？世界會毀滅嗎？你的生命會消失嗎？你永遠都看不到明天的日出嗎？」

知識分子的課題就是，永遠不要將這麼多的自我精力投注於任何讓你願意放棄正直以維繫幻覺的情境。只要這個循環開始，你幾乎就不可能從中脫離。知識分子要由這個陰影中重獲自由，就必須時時認清真正的自己，並根據自己的真理而活。記得：你在生命中做的每個選擇，無論吃什麼、說什麼或如何評斷今日的事件，都會開啟一個循環，永遠持續運轉下去。所有你在生命中玩的心智遊戲裡，最重要的就是這個：永遠對他人和對自己說出真理。

男性面向

知識分子原型不分性別，同樣出現在男性和女性之中。不過這個原型的某些表現出現在男性身上的機率遠比女性更高。

男性知識分子傾向於偏好理性分析更甚於情緒智能，因為許多男性將情緒視為自己的弱點。情緒思維會讓從事精明企業決策的能力減弱——至少他們是這麼認為。至於直覺能力，男性知識分子和女性同樣注意直覺——直覺是人類的一項能力，不分性別——但是在我們的文化，仰賴直覺的療癒相關領域中，女性比例有超過男性的傾向。不過，在企業、科學、醫學、科技、當然還有藝術領域中，男性知識分子的創意直覺也是深深根植於直覺智能。

對許多男性知識分子來說，最大的麻煩就是如何看待女性知識分子。某些男性將聰明的女性視為自己事業與男子氣慨的威脅。儘管我們可能會訝異於像知識分子這種理性的原型竟也會深陷於性別政治的泥淖，但是請記得，任何種類的政治都是某種程度的心智遊戲。自從女性大量進入職場以來，正確或錯誤的性別政治都影響了企業的趨向。隨著愈來愈多的女性在男性主導的企業中站上高位，知識分子原型的男性或許倍感挑戰，且以矛盾的心態迎接這些超級聰明的女性逐漸崛起。

感到不安的男性知識分子會躲藏在事實、意見與固執的判斷背後，企圖以貶抑的心態控制自己的世界，不願傾聽其他觀點。不過，一個有信心的男性知識分子，就很可能是心胸開闊的，會歡迎其他人的才智貢獻。男性知識分子，若有信心但不驕傲，只要用心便能完成任何事。

如果這是你的原型，你會激勵他人，並善於找出有天分的人加以鼓勵，不論你自己的成功標準如何。你完全能掌握「一人得道，雞犬升天」這話背後的智慧；幫了一個人，你就幫了所有人。你的自信也讓你能穿越自己的心智，進入內在生命的更深處。感受與夢想也讓你怡然自得，因此你能帶著自己的觀點與幽默，來看待生命即生即滅的風景。

男性知識分子如果像女性同儕一樣，培養自己的情緒與直覺智能，那麼他便成為一個全人，能領導二十一世紀。再搭配遠見和勇氣，這個人將能決定自己能到達什麼境界。

知識分子的神話

對知識分子原型而言，最決定性的神話就是——相信生命應該是理性的。為了支持這個偉大的神話，會出現三種變奏：

- 如果我是好人，壞事不會發生在我身上。
- 每件事都有合乎邏輯的原因。
- 因為我的付出，我有權享有好事發生在自己身上。

我們都很熟悉這些神話，因為它們或多或少都活躍在每個人內在。我們希望找出合乎邏輯的原因來解釋為何事情會發生。在靈性DNA深處，我們相信如果自己是好人，壞事就不會（至少不該）發生在我們身上。這樣的想法讓人會說：「我不該承受這樣的對待」或「她沒做什麼，為何該受這種苦」。不知怎的，我們會將「壞事」或痛苦的經驗聯想為懲罰——當然，這同時假設「上頭」有個人負責整個宇宙的懲罰工作。

不過，一個人到底能多拚命地為自己的行為合理化？我看清這一點，是因為參與我工作坊的一位女士。她敘述自己如何在年輕時照顧自己的父母，並在他們晚年鼓動他們讓她擔任遺囑的執行人與唯一受益人。她有個弟弟，不過在她眼中，只有她才應該獲得父母全部的遺產，因為她一個人照顧了他們十五年。然而，她的弟弟有別的想法。在工作坊舉行時，他上法院控告，希望能持續對簿公堂的時間以便耗盡她所繼承的財富。儘管官司纏身，她仍堅持自己應該獲得全部，其餘別談。

官司持續了將近兩年，讓雙方都花了不少錢。最後，她得到六成的遺產，弟弟四成。根據她的說法，弟弟滿意了，可是她卻感覺被欺騙，覺得自己這些年照顧父母的時間沒有得到弟弟的承認。應得的權利是個很難處理的神話，無論它在你的生命中如何展現。這位女士不懂的是，她的弟弟有自己的原因來認為自己也該獲得這份遺產，而他的原因卻意外地與她的原因相映。也就是說，她的理由是根據自己出於愛而照顧父母，而弟弟的理由則是因為父母沒有照顧他。顯然，他認為，如果自己孩童時期沒有得到應有的愛，那麼至少他要能得到應得的遺產。

總而言之，我們都活在自己的內在世界，而創造這個世界的是我們自己的原型、故事、神話、傷痛、覺得自己應得的權利、還有邏輯、秩序與正義的奇特系統。身為知識分子，你特別重視邏輯、秩序與控制，也很容易內化那些看似合理的神話。它們讓你感到安全，讓你感覺彷彿自己有決定權、能夠控制宇宙運轉的方式。更有甚者，將合理事物提升為真理的神話，讓你相信自己可以阻止壞事的接近。對知識分子來說，聰明就像一種裝甲，能夠保護你免於心智能力脆弱的人所承受的各項苦難。

智力確實力量強大，但是相信邏輯無所不能是錯的。天才不能保護你免於真實生命那混亂且非理性的本質。每當知識分子原型的人對我說：「我不了解為什麼這會發生在我身上？我什麼都做對了啊！」我的回答都是：「為什麼不是你？」對執著於理性、秩序宇宙觀的心智，那樣的回答沒有道理。受困於這個神話的人就是不能了解，儘管這個宇宙確實有其秩序，但此秩序卻不是根據個人正義。

追求秩序的知識分子，希望生命的一切都包裝的妥當井然；要他們破除良好行為就能控制生命變遷的神話，需要另一個替代的神話：鳳凰由灰燼中復生。這也是一種原型敘事，告訴我們儘管混亂會不停進入我們的生命，我們將有機會由毀滅的灰燼中重新站起來。

對你內在知識分子而言，最明智的做法就是尋找自己的真理。畢竟，沒有人比你更會研究。找到自己救贖的真理，是最合理的行動。這裡有個真實的道理幫你開始第一步：認識自己，你便能認識宇宙。

生活挑戰

對知識分子來說，這個挑戰就是不要過度思考每件事。簡單地說，你過於相信自己所知道的，要不就是你以為自己什麼都知道，而別人什麼都不知道。不管是哪一種，結果都可能是一場災難，不只是對你，也對你的人際關係。一個良好平衡的知識分子，會同時透過理性和感性來與人連結。

過度思考的知識分子要面對一項挑戰：在進行決策時大腦打結。對你來說，事實與資訊構成某種安全網。有了正確的細節，你會認為自己不可能做出錯誤決定。問題在於，再多事實與數據都無法保證其結果。不過，讓你的心中擠滿太多資訊會使你根本無法做決定——因為擔心做錯選擇。

對知識分子來說，比較重大的後果之一就是：與自己的直覺能力失聯。知識分子可以為自己創造完整的實相，如果事實是他們唯一的夥伴。然而，要了解的是，直覺不一定會忽視事實資訊。相反的，直覺會運用已知事物，融合理性與能量數據（能量數據是本能所提供的資訊）。這會造就更完整的實相，遠勝於只以事實作唯一夥伴的知識分子所看到的。

對我來說，信任你的心智，只憑心智來生活，最主要的結果是它會阻止你自發性行動，而採納來自直覺、為了幫助你重整生命而大量湧入心中的指引。你所需要的就只是接受它提供的機會。不過前提是你必須立刻行動，相信直覺的指引——有人會說這是神聖的指引——並且走向未知。像這樣的機會能夠改變生命，不僅引你走上全新的生命道路，也會是轉變的道路，讓你一次又一次信任自己的直覺並配合心智。經由這樣的生命道路，直覺智能於焉成形。

辨認自己的原型：你是知識分子嗎？

當然，你具備知識分子的元素。如果沒有，你就不會讀這本書了。不過，它是你的主要原型嗎？

你或許錯誤地否定自己可能是知識分子原型，因為你認為自己的智商不夠高，或是其他人似乎知道的比你更多，文章談吐比你優美，更熟知時事或對形而上的觀念更廣泛認識。或許你認為真要符合這個原型，你必須靠才智做出一番大事，例如獲得博士學位、成為學者、出版書籍或贏得諾貝爾獎。

這些當然是知識分子可能的成就，不過它們絕非主要的特徵。事實上，有時獲獎最多、頭銜最長的人，其實只是傲慢且心智封閉的萬事通。某些真正符合知識分子的人根本沒上過大學——更別提哈佛了——說不定只贏過拼字比賽。他們就只是深刻地好奇，渴望知識，希望獲得最好的教導，無論是死去的教師或是由社會大學中習得。終究，如果你是知識分子，你就是自己最好的老師，掌握了更高等學習與人類智能寶庫的鑰匙。

如果本章描述的特質聽來很像你，歡迎加入知識分子的行列。如果你想再做測試好更確定些，那麼請看看下頁的知識分子行為模式與特徵，看看你是否感到共鳴。

知識分子
行為模式與特徵

- 你和世界的關係建立在心智生命之上——由無數源頭所蒐集的觀念、概念與資訊。
- 你的學習是因為學習本身，也為了對純粹知識的熱愛。
- 你經常上網，讓好奇心引導自己。
- 你的決策是結合了理性、邏輯與直覺智能。
- 你追尋真理，希望更深入認識宇宙的祕密以及世界運作的根本法則。
- 你屢屢透過閱讀、演講、學習來擴展心智。
- 你認為痛苦或挑戰的時刻是智慧明珠，將失敗與錯誤當成學習契機。
- 你以科學家的態度面對生命，測試自己的假設並做出理性分析的結論。
- 最吸引你的就是心智活躍的人，還有充滿啟發性的對談。
- 你的生活經過謹慎考慮，一切三思後行。
- 你對人的回應是理性先於感性。
- 你培養智慧，以便改善自己與世界的生活。

投入你的原型：運用知識分子的力量

十之八九，假如你是知識分子，你投入自己的原型不會有問題。你或許已經以各種方式運用其力量。關鍵在於相信自己的智能力量，信任自己生命累積的智慧。即使最痛苦或充滿挑戰的時刻，都是學習的契機。失敗可以當成明燈，點亮通往真理的道路。

正如同身體需要運動，你也需要保持心智敏銳。你需要注意那些能深化智慧的機會。如果你目前正進行正規學習，那麼你已在擴展並挑戰自己的心智。不過，還有其他較不正式的方式能讓你充分發展智能資源。

- **探索佛教**。別擔心，你不需要放棄自己的宗教或堅信的信仰。佛教哲學其實是相當扎實的心智科學，其教法與實修可以幫助解開覺知的阻礙，引導你領悟深刻的真理。你該好好思考自己生命的目標是掌握資訊還是知識，認識真實的自我並了解世界如何運作。
- **跟隨智慧追尋者**。知識分子喜歡向專家學習。關於智慧，數千年累積的教法可以從網路或圖書館輕易取得。挑選任何時代、任何學派的智者，讓自己深深投入其著作中。用柏拉圖、亞里斯多德或托馬斯·阿奎納等古典學者來砥礪你的智慧。你可以追尋靈性智者——耶穌、穆罕默德、孔子、佛陀——來尋找意義，或師從隱士如亞維拉的德蘭與聖十字約翰。你可以閱讀文學巨匠如莎士比亞、濟慈、艾略特與尤金·歐尼爾，來探索人類的弱點和渴望。你也可以偕同如佛洛伊德與榮格等智者來研究人類心理。閱讀神話：不只是熟悉的希臘羅馬神話故事，也要閱讀美洲原住民與其他民族的創世神話，好讓你掌握人類生命的泉源。

- **創辦或加入沙龍**。昔日許多深刻的思想家會在正式或非正式的集會相聚，討論偉大的觀念或閱讀彼此的作品。通常最著名的沙龍是由女性主持。當時她們無法就讀大學，因此透過沙龍來進行學習。你可以在線上加入其他知識分子來探討時代議題，或者扮演沙龍女主人，邀請志向相近的人來面對面交換意見（這是下午茶或雞尾酒會最棒的藉口）。
- **大聲朗讀**。當然你會閱讀，畢竟你可是知識分子。你家或許擺滿了書架，數位閱讀器也快滿載。不過，換個方式，為他人朗讀，或請別人朗讀給你聽。這和聽有聲書不同，更發自內心，更親密，因為你熟悉的聲音賦予文字生命。許多知識分子都以視覺方式處理資訊。透過耳朵接收則是完全不同的經驗，一來是你會更加注意。
- **跳脫你的頭腦**。這聽來理所當然：花太多時間在心智上會讓你過度單面向。演奏或聽音樂。跳舞。學森巴舞。散步或在公園慢跑。去划獨木舟。到美食餐廳用餐。享受性行為。運用身體與情緒，讓心智騰出空間。這會開啟你的思考。
- **做些讓你尖叫的事**。換句話說，要不依自己的性格行事。去看情色電影、參加釋放本能的尖叫工作坊、用不慣用的手寫封信、請人為你占星、買雙紅鞋（象徵深刻的女人味）。你要做的就是打破理性的魔咒，給自己直覺出場的機會。當你愈來愈適應直覺智能與情緒智能，你將能以更加整合的心智來面對生命。

知識分子原型的力量來自理性與直覺的結合。考慮以下的方式可以帶給你力量，並在失去力量的時候重拾力量。

在哪裡獲得力量

- **保持聰明才智活躍**，你可以參加研討會、閱讀、保持對時事的關注。
- **保持對生命的關心**，連結那些點燃你對知識熱情的興趣。
- **與人連結**，尤其是那些刺激你朝新方向思考的人。
- **避免無聊**，不要老是做同樣的事或想同樣的想法。
- **避免分心**，要注意對你很重要的事物。
- **存入有營養的信息來餵養你的心智**。戒掉垃圾電視節目與灑狗血的媒體，去看經過深思熟慮的評論。閱讀提供真正見解的文章與部落格。

在哪裡失去力量（及如何重新尋回力量）

- **只想著自己**。要花時間與他人互動，對他們的想法敞開心胸。
- **疏離**。請走出你的頭腦，走出家門，這可以避免沮喪感來襲。
- **高估自己的才智能力**。多認識一些高智商的人，領悟你不是唯一。
- **將你的天分與成就與他人比較**，這會扼殺你的雄心。追逐你自己的目標。
- **沒有注意自己的直覺**。直覺是智慧的聲音。保持安靜，傾聽。
- **思考出錯就完了**。對一位偉大的科學家來說，錯誤只是開始。你要像鳳凰般由灰燼中重生。
- **認為自己該獲得好的待遇**。生命既不公平也不理性。不要生氣，將力氣花在自己的計畫上吧！

知識分子自我查核清單

□我不一定要當最聰明的人。

□我願意接受新觀念。

□我能體會生命的神祕。不一定什麼事都要有理由。
□我信任直覺的指引。
□我會像餵養心智那樣地滋養身體和靈魂。

結語

你的才智是一種表現性的原型，是你需要他人注意的部分。記得，意見不是真理，只是情緒的供物——陳述你對事物的看法。知識來自明辨想法，來自冷靜思考事實、歷史與歷來累積的智慧。真正的知識分子知道如何傾聽他人、向他人學習。

第九章

女王／總裁

Queen ／ Executive

原型家族：皇家。
其他表現：執行長、公主。
生命旅程：學習如何為他人的幸福負責。
獨特挑戰：辨認自己該將力量和影響力投入什麼值得的議題。
宇宙課題：分辨真正的力量與虛假的力量。
決定性恩典：慷慨。
內在陰影：為堅守寶座而放棄廉正。
男性面向：國王。
神話：女王／總裁搭配尊貴的女人味與商業洞見。
行為模式與特徵：女王會……

- 掌管情勢以獲得最大成效。
- 無須嘗試便能獨掌大局。
- 用她的影響力來賦予他人力量。
- 隨時處在最佳狀態。

生活挑戰：在親密關係中分享力量。

✣ ✣ ✣ ✣ ✣ ✣

生命旅程

從人類開始為自己做階級角色的分類起，女王原型便以不同型態出現。這個原型有著繼承而來的命運：女王的頭銜加諸於她，所以她的力量並非來自個人而是「借貸」，由國家所認可。國王和女王象徵地攜帶著他們所統治的人民的力量，因此你的生命旅程是要學習為他人的福祉負責。

英國歷史上有兩位女王——女王伊莉莎白一世和維多利亞女王，她們形塑了今日我們所認知的女王原型。伊莉莎白一世乃是英王亨利八世與安・寶琳（Anne Boleyn）的女兒，在十六世紀統治英國超過四十四年。她體現了力量、獨立、冰雪聰明；她能高明地運籌帷幄，同時也是迷人的女性。伊莉莎白創造出女王的身分，讓女王成為一種獨立自主的力量，能夠控制男性卻不受制於任一男性。她滿腔熱情，從狂野的怒火到狂熱的愛。她既自私又慷慨，充滿直覺力卻同樣偏執，有遠見卻也迷信——她包含各種極端。這些超人般的特質與情緒，便是今日女王原型的核心。

伊莉莎白在現代社會的原型繼承人就是女王／總裁。這是新的原型，結合了女王的尊貴力量與總裁此一當代商業金融界的力量代表。這類女性不再認為自己得犧牲女性特質才能達成專業目標，因此女王／總裁正代表了原型力量最精粹的合夥關係。

維多利亞女王，第二位影響當今英國皇室家族歷史的女人，則幾乎可說是伊莉莎白一世的相反。伊莉莎白女王從未結婚，而維多利亞女王嫁給自己欣賞的亞伯特王子（Prince Albert），兩人共有九個孩子與二十六個孫兒，他們讓全歐洲的皇室人口更加充實。維多利亞女王是歷史上主政最久的女王（儘管當前的伊莉莎白二世有可能會打破這項紀錄）。在她統治下，大英帝國達到高峰，因此造成女王原型至今仍有自視為貴族的特質。維多利亞時期的禮教、禮儀、優雅，均以微妙的方式轉移到今日的女性身上，讓她們的心靈中有強大的女王主導。吸引女王的是優雅的服飾、高級珠寶、高級餐飲。除此之外，你會覺得自己賦有權利擁有生命中地位的象徵。某些女王會將自己這種「本該擁有」的感受輕描淡寫，不過請相信，她們很認真的。

女王的生命旅程中最核心的字眼是「特權」。不過，特權有許多層面。一般心智將「特權」

（privilege）與「應有權利」（entitlement）當成同樣一件事。人們相信，自己獲得愈多力量，行為就愈能夠隨心所欲。女王認為自己凌駕了約束其他人的律法。

不過，將特權與個人力量畫上等號是有問題的。身為女王，你的挑戰就是要克服私慾，不為一己私利運用所賦予你的力量。你的力量或許是由公司、學會、個人事業、家庭或有魅力的個體所賦予你的，但無論力量從何而來，你都需要明智地處理，不讓其他人因為你滿足私慾的選擇而受苦。你的本性就是接受自己對他人的權威，讓自己的抉擇影響他人的生命。聰明的女王會花時間思索影響深遠的議題，尤其是關於圍繞她身邊的人。

於是，我們就要談到第二種、而且是更令人好奇的理解特權的方式：亦即，握有力量與影響的特權，無論你的王國——領域是大是小。你或許努力工作才「贏得」自己的地位——許多女王／總裁都是如此，不過幫助你達到這個狀態的是遠超乎你的力量。對女王、國王或總裁來說，生命旅程包括了學習如何管理力量與影響的位階，同時處理原型挑戰：虛榮、應有權利的感受、自戀，以及因一己私利而濫用自己的位階。

對女王刻板印象的看法就是她予取予求、喜歡攬權，只能發號施令卻無法聽命行事。不過，這些特質更常出現在控制狂或小霸王這些女王的陰影原型身上，而非真正的女王。女王原型最正向的狀態並非獨裁，不是《愛麗絲夢遊仙境》裡瘋狂的紅心女王，將身邊的人當成傀儡般發號施令。真正的女王或許很有魅力，人格令人尊敬，但她很清楚自己對他人的責任，行事的動機是希望增進她的世界裡每個人的福祉。企業、社會、慈善組織與社區工作內的權威職位，都是女王合理的寶座。即使「媽媽」這樣的稱號都是特權職位，如果你主掌家中大權，而家人也向你索取愛和建議。

儘管地位與權威伴隨著女王原型而來，但這對女性而言也可能是矛盾的泉源。儘管我們將女王與力量聯想一起，但一提浪漫和穿著閃亮盔甲的騎士戀情，想到的卻是公主。通常女王原型很難讓人有浪漫的聯想。有哪個普通人會覺得，邀請女王約會很安全？你的女王可能非常孤單，除非你要時時提醒自己：與皇室有關的最佳特質包括善意、慷慨、憐憫，以及幫助人們實現原本不可能發生在自己身上的事的力量。

獨特挑戰

女王的挑戰是，找出值得自己投入力量與影響力的議題。女王需要自己的領域。這是屬於公眾的原型，不好離群索居。女王想要被在外四處看到，不想要只是長得漂亮的有力人士。如果這是你的原型，你不會躲在後面。女王想要發揮自己的力量並改變自己的世界。因此，你需要將自己的能量與熱情投入在值得的事物上。和倡導者不同的是，你基本上不會受政治議題所吸引，儘管弔詭的是，歷史上的統治者與政治經常形影不離。不過身為現代社會的女王，創意冒險、社區計畫、社會議題與慈善事業更吸引你。

外交是另一個女王原型會發光發熱的領域。美國第一夫人賈桂林．甘迺迪．歐納西斯就是最具代表性的女王／外交官，還有一位真正的女王，約旦王后拉尼婭．亞辛。伊莉莎白二世或許是地球上最後一位偉大的女王，體現著對皇室與國家高貴的奉獻，更是外交最佳代表。

近年來，女王／總裁也出現在企業界。這樣的你是潮流的創造者。和多數皇家一樣，創造企業帝國的女性總吸引眾人注目。創造DKNY品牌的唐納．卡蘭（Donna Karan）、婚紗設計師王薇薇（Vera Wang）、瑪莎．史都華還有歐普拉，都是今日企業界中女王／總裁的領導，下一代的托里柏其（Tory Burch）與伊凡卡．川普（Ivanka Trump）緊追在後。歐普拉特別是女王原型的體現，因為她最著名的就是無遠弗屆的慈善工作和善良慷慨的義舉。

不過，即便女王原型往往與大型的計畫或商業投資畫上等號，但是這樣的聯想可能帶來誤解。

如果你具備這個原型，你生來就是要將自己的創造力量投入世界，無論你的世界多大多小。除非你找到或創造出某種形式具有價值的投資，否則你將會對自己或他人開戰。一個沒有疆域的女王，就沒有能展現此種原型精神能量的力量領域。你最後會覺得自己一無是處，被自己生來要做什麼或給世界什麼的想法糾纏不休。

身為女王原型的各位（還有其他的皇室家族——國王、騎士、公主）是偉大原型的當代表現，幾世紀來，這類原型塑造了我們和力量及儀式的關係。儘管背景改變了，但是你可以確定，如果你屬於象徵性的皇室血緣，你會受到力量、貴族生活、象徵權威的儀式（專車專人機場接送、抵達飯店時享受貴賓禮遇、餐廳為你保留最佳的用餐席位）所吸引。你無法抗拒享受女王的待遇。

宇宙課題

學習和力量建立正確關係，正是女王原型的宇宙課題。我們的社會著迷與力量及其各種變形：金錢、地位、權威、影響力、聲望、破壞的能力、拯救的能力、以及改變他人生命的能力。我們使盡全力戰鬥，好讓自己相信已累積足夠的力量，來確保快樂與幸福。不過，正如佛陀所教的，以為世俗力量會提供這類保證都只是幻覺。比我們更偉大的力量可以眨眼間改變我們生命中力量的風向。

正面迎擊力量之幻覺，是女王／總裁特別重大的課題，因為這正是力量導向的原型。房間裡有兩個女王、國王或總裁，註定會導致衝突：誰的力量最大？誰獲得最多注意？誰制定規則？即使一群獅子也只有一頭獅王——在位時間端視牠能維持力量多久。年輕的公獅不可避免要為主導位階而戰，強迫戰敗的公獅掉頭離開、去開創自己的獅群。掌握自己天性的課題——或說你自己的力量衝動——銘刻在女王原型的DNA內。身為女王的你要決定，是否要面對自我對力量的定義。你的力量是否基於自己由他人所獲得的認同，或者是來自健康的自我價值感？源自外在的力量虛幻易逝，由衷而生的力量才是真誠持久的。

歷史告訴我們，多數的女王和國王在任期的泰半時間，都在擔憂誰擁有更多力量、財富、軍隊和影響力。有權有勢者最大的恐懼就是失去權勢。身為女王原型，你必須面對這種恐懼，因為若是由它主導你的心靈，你周遭的一切都會變成潛在威脅。受到威脅時，女王原型會覺得不舒服，甚至會生病。黛安娜王妃罹患暴食症，正顯示她在英國王室的力量領域中感受到了脆弱的課題。

如果你是女王原型，很可能會發現自己一再遭遇類似的情境，讓你處理分辨真實與虛幻力量的課題。如果你做的選擇讓自己感覺疲倦無力，代表你將自己的力量給與了幻覺。然而一旦你做的選擇讓自己感覺充實有力——自主獨立卻不傲慢——這就是正確的道路。你正在學習如何與力量互動而不迷失自己。

決定性恩典：慷慨

慷慨是女王原型的決定性恩典。要知道，這項恩典具有改變你生命的潛能。我寫了一本書：《力量的無形行動》（*Invisible Acts of Power*），就是討論我們有力量為他人生命創造改變，藉由自發性（而且通常是無形的）地回應他們的需求。我寫那本書是因為，我想探索自己的直覺：我認為每個人生來都能直覺地感受他人的需要，隨著努力覺察，這種力量會變得更敏銳。

慷慨始於直覺地回應需求：看見有需要的人或受災害所苦的社群會撥動你的心弦。幫助人，給與食物或毛毯、甚至是安慰的言語，全都需要一些努力，這也讓身為幫助者的你感到愉快。不過，恩典層次的慷慨不是關於讓自己感到愉快，而是關於你讓他人生命改變的能力，是關乎為他人開啟大門，或以他們無法自助的方式去幫助他們。女王或國王通常有能力為了其他人而讓事情發生。這種慷慨或許是協助引薦、給與機會或正向回饋，而這些來自女王或國王的協助，對接受者而言將造就莫大的改變。

如果你掌握了慷慨這項恩典的真正力量，你將了解這個力量基本上是靈性的。最深刻的慷慨之舉會幫助他人領悟自己的潛能。你不需要成為富有或有權勢的女王或國王，才能發揮這項恩典。你只需要達成足夠的自我成長，讓自己有能力體認到，賦予他人力量是你最高的成就，而不是對你自己的力量造成威脅。

所以，當你遇到只有你才能幫得上忙的人，也許是你能做些什麼、說些什麼、提供些什麼，這時慷慨的恩典便會在你心中覺醒。這個恩典也會鼓勵你投入人道活動——為了值得的議題採取行動。除此之外，慷慨恩典也可以是沉默的力量，在你的心中運行並袪除讓你與他人分離的信念。如此，慷慨的心就會變成慈悲的心。

內在陰影

女王原型的陰暗面就是，為了持有力量而犧牲廉正的拉鋸。要處理這種陰影對女王或國王而言是很大的挑戰，因為力量與權威相當誘人且讓人上癮——這也是這種原型必要天性的成分。很少女王或國王會喜歡失去對自己領域的控制權。這個原型的內在陰影會喚醒你巨大的不安全感，特別是關於維護寶座的能力，更別提要去控制寶座背後種種的扯後腿與權利折衝。這類活動在以力量作為主要籌碼的組織中，相當惡名昭彰。這種情況發生在大企業，甚至是某些非營利組織。如果沒有大量金錢作為仲介——高薪、高額佣金、股票選擇權、分紅——用計謀獲取力量就變得更重要。

女王或國王的陰影挑戰就是，尤其對執行權力的仲介者而言，無可避免地被要求在某些時候，提供自己的人格力量與價值觀來進行交易。你可以感覺自己的廉正操守受到挑戰，當你感到內心升起一種不安全感，隨之行為出現沉淪的轉變。剛開始可能是對同事的閒言閒語，接著己身領域出現不信任感，最後加劇為權力鬥爭，例如「誰最接近權力中心」？當然，這些行為背後都是恐懼。你的原型挑戰就是要超越自己的恐懼，殺死你內心的惡龍。犧牲廉正所換來的力量是虛幻的——很容易失去，永遠不值得你為此而付出努力或讓己身沉淪。

男性面向

國王和女王擁有許多類似的力量傾向，不過不同之處在於，國王能進入政治領域，能比女王更自在地「發動戰爭」。世界期待國王／總裁有侵略性的舉動，因此會理所當然看到這類的性格，不過女王／總裁若是出現同樣的行為就會激起苛刻的反應，因為多數人仍認為大膽領導有違女性氣質。

在金錢與力量的世界多半仍由男性競逐，國王知道如何發揮這種力量，同時以迷人糖衣加以包裝——重點就在糖衣身上。儘管其他原型的男性也有金錢與力量，但是國王擁有一樣他們所沒有的，那就是令人著迷的力量。當代的國王原型可得因這種原型的魔法感謝神祕的亞瑟王。要不是亞瑟王與卡美洛王宮，女性不會至今仍對國王與騎士有這麼強大的心靈依戀。

不過，當代的國王不只是要迷人。國王／總裁通常想像自己的專業世界是需要征服或奪取的領地。收購一間又一間公司的企業總裁，正是這類原型的代表。華爾街的銀行家也可能具備國王／總裁原型，還有政治家與位居財務或全球性力量地位的人士。如同過去的統治者一般，現代的國王／總裁所追求的不僅是累積財富，更要在人的領域上建立力量與影響力的網絡。

所有國王都喜愛自己的城堡，這點無庸置疑。有多少次你開車經過某幢別墅，心中不禁說：「我說，這看起來可真像座城堡！」很有可能，建築這棟房屋的人就是具有國王原型的男士——

或是具有堅毅女王性格的女士。

女王／總裁的神話

儘管女王／總裁是新近出現的原型，但它仍表現出一種尊貴女性的古老神話，並為當代女性創造了新的力量模式。女王／總裁將女王在歷史上皇室陰性的力量，與象徵著今日企業總裁的陽性力量相結合。這種合作關係使得女性能獲得領袖位階，卻又不需要感覺自己得像男性——或者穿著西裝——才能在董事會上掙得席次。

由於這是十分新興的原型，社會還無法創造正向的神話來反映力量強大的成功女性的興起。直到現在才出現了清楚體現這個二重原型的女性。舉例來說，歐普拉與芭芭拉·沃爾特斯兩位女性媒體人，都具有皇室氣質、充滿女人味、對一起工作的人們仁慈慷慨也廣為人知；她們同時也體現了今日男女企業人士所具備的技能與才智。女王／總裁的女性正在金融與政治圈——當然也包括企業界——站上影響力的位置。這裡有女性頂尖政治家的零星例子——例如以色列、印度、英國等都曾有過女性首相，現在的德國也由女性當家。不過這些女性都未能完全表現出女王／總裁讓女性氣質與政治或企業力量和諧交融的力量。某些人以為，女性必須在某種程度犧牲自己生命的女性層面——婚姻、伴侶、母性——才能在世界舞台獲得成功。

儘管女王／總裁這個原型模式的時代已經到來，但要達成完美的平衡也是挑戰。這需要你維持自己的女性氣質，同時汲取一般被認為專屬男性的力量，像是直接、具有說服力，並且願意在財務上冒險。

正在發展的原型需要時間與經驗，才能真正走進社會。新的原型地位逐漸穩固的朕兆就是，人們開始創造故事或拍攝電影，講述的主角正屬於這類原型。在《穿著Prada的惡魔》這個故事中，女王／總裁被描繪成力量強大卻又無情的雜誌編輯，某些人認為這角色乃是根據《Vogue》時尚雜誌的資深編輯安娜•溫托而來。目前，還沒有電影描繪善意的女王／總裁。

不過那個時代已經不遠了。隨著愈來愈多的女王／總裁安享自己的權力之位，她們將不再需要戰鬥以同時維繫總裁與女性的力量——當然，電影與電視也會反映出這點。

生活挑戰

心機權謀就和不忠一樣，會摧毀許多人際關係。女王原型更是如此，因為它面對的生活挑戰就是要知道何時及如何關閉自己的力量。這是不小的障礙。如果你是事業有成的女王，你會習慣於領導與直來直往。你還習慣成為注意力的焦點。女王習慣吸納房間裡所有的氧氣。所以，對這個原型而言，最難的可能是回家、放鬆、扮演好伴侶的角色（但，如果你想成另一個可能——回家當個頤指氣使的女王——會是愉快的，你要再想清楚點）。

身為女王，你的挑戰就是要取下皇冠，在人際關係中回歸扮演女人的角色。基本上，這就是說要真心合作、願意妥協、相互支持，不管是對親密愛人、家人或是朋友。

辨認自己的原型：你是女王／總裁嗎？

現在你知道，女王這個原型和優雅、風格、慷慨恩典有關，而且不是控制狂對著下屬大吼大叫，那麼，你認為自己是女王嗎？或許你認為自己更像是女王／總裁，一個聰明的女性企業家及領袖，同樣體現著力量與女性氣質。

雖然沒有人會說女王是家庭至上者，但是具備這個原型的人喜歡主導一切，特別是在家裡，因為你可以鉅細靡遺地控制每件事。把人們聚集起來、照顧整個團體，這是此原型與生俱來的天性。身為女王，你認真看待自己的責任，知道最終尊貴的女王乃是臣民的僕人，任何決策與行為都會對他人生命產生巨大影響。你最大的力量與權威，就來自所有你能為倚靠你的人所做的一切。

不過不要誤會，如果你具備女王原型，儘管你有多麼慷慨，但你真正的家是在中心舞台。即使只是單純等公車——或是你的專車——你都讓身邊的人注目。因此，你需要時時展現最好的一面——不可以穿汗衫、不化妝就去市場。最重要的是，你需要以最高的廉正操守運用自己的力量。無論好壞，女王總是眾人的焦點。

這聽起來很像你嗎？如果還不確定，可以看看下頁的行為模式與特徵，看看是否與你相似。

女王／總裁
行為模式與特徵

- 你會掌控情勢以達成最大成效。
- 你讓事情發生在他人身上。讓他人獲得力量是你最高的成就。
- 你與他人互動時相當直接，會讓人知道你對他們的期望。
- 你絕對時時刻刻表現出最好的一面。
- 你將自己的能量投入值得的議題，絕不有名無實。
- 你運用影響力改變他人的生命。
- 你努力維繫自己的廉正操守與價值觀。
- 你自然身居力量和權威的位置，即使不積極爭取。
- 你會讓企圖接近你的人感到害怕。
- 你毫不費力就能掌控中心舞台，無論身在何處。
- 你有需要投注大量心力的工作，讓你成為眾人目光的焦點。
- 你或許不會發號施令，但你無疑是主要負責人。

投入你的原型：運用女王／總裁的力量

女王原型是關於力量。挑戰就是分辨真實和虛假的力量。你生性便有「應得權利」的感覺，不過你需要學習用謙卑的心，戴上自己的皇冠——體現自己的力量。真正了解力量是一種特權，不是掌控他人的工具，這樣的女王才能在自己選擇的任何領域完成偉大事物，無論是公眾服務、慈善事業、企業界、自家社區或是自己的家庭。

對如此力量導向的原型來說，其天賜的弔詭之處在於，若是你要找到自己最大的力量與權威，你便需要盡全力服務那些能因你賦予他人力量的能力而獲益的人。當你能造成改變，你的女王才會有最有力的表現。

以下的建議能幫你運用女王的力量，發揮自己的原型：

- **擔任導師**。某些公司和組織有正式的師徒制度，不過即使你的公司沒有，你無疑的還是能找到歡迎你的支持與指導的人。這樣你不僅能讓他人因你的經驗而獲益，更可以像皇室那樣將你的力量傳遞給下一代。每個組織都有傳承，但有時累積而成的智慧因為沒有正式的傳承機制而消失。你要如何指導不是問題——可以只是簡單每個月見面、喝杯咖啡或吃個午餐，或者每天密集透過文字與電子郵件進行指導。女王和國王的最佳時刻就是，運用自身影響力與內在資源來培養並賦予他人力量。你擁有的，是他人所渴望卻也無法由他處獲得。你會快樂地感覺分享是自己的責任。

- **選個議題，什麼都好**。你幾乎無法想像，身為這個原型，你卻還沒有心儀的議題或行動讓你在其中投注大量的心力。不過如果你還在觀望，請毫不遲疑地挑選個議題來參與吧！身為女王，你有可觀的創造力量，如果沒有投入某個需要的議題，很可能會將挫折感怪罪自己或身邊的人。女王需要自己的領域；就這麼簡單。不管你選了什麼都不重要，只要是正直良善的。你也不需要大規模地投入，可以只是在危機處理中心接電話，或是在社區公園導引遊客。不過這個原型具備相當強大的博愛衝勁，所以如果你不久之後就接管了整個組織，我也不會訝異。你的資源管道——還有說服他人投入你的計畫的能力——都是無與倫比。
- **烹飪雙人晚餐**。好啦，如果真的不行，也可以叫外送。不過無論如何，要與你重要的另一半、親愛的朋友或家人共度一個寧靜的晚間。關掉手機、關閉你巨大的人格、共處幾個小時不受干擾或——這很重要——不玩權謀（權謀會消耗你的能量，而服務他人則會補充你的能量）。親密關係與有施有受都不是女王的內在力量，所以你需要特別努力發展這些技能。試著別專注在你希望透過這一晚獲得什麼。只要身處當下，完整感受。
- **重新裝飾城堡**。你總得有個地方睡覺，也要有地方舉行女王（或國王）最著名的派對。這個原型通常對細節吹毛求疵，所以為什麼不確保自己的住所符合你為生活所設定的皇家規範呢？讓這裡真正成為你的金鑾殿。我可以清楚看見：豪華的布料、奪目的藝術品、負擔得起的最棒家具——優雅、奢華但不財大氣粗。你以皇家規模款待賓客，送他們回家時不禁覺得，哪裡都比不上自己的城堡（除了白金漢宮和凡爾賽宮以外，可能真的沒有）。

由於力量對你的原型非常重要，請傾聽明智的女王和國王的建議——做出的決定要讓自己感覺充實有力，而不是油盡燈枯。以下這些方式，可以讓你有效運用自己的力量：

在哪裡獲得力量：

- **培養自我價值感**，這樣別人注意你時（這一定會發生），你才不會失去重心。
- **將力量與影響力投資在值得的議題上。**一個沒有領域的女王會覺得自己毫無用處，這可能讓你情緒失控或沮喪。
- **建立相互支持的親密關係。**女王的力量可能令人害怕。不要用你的光芒讓他人看不見，而是要建立平等的夥伴關係。
- **讓你正直操守不受侵犯。**你的目標不是維繫自己的寶座，而是用自己的力量與權威來服務他人。
- **謙沖自牧。**以為你對他人有什麼樣的力量，就像以為自己能操控風雨潮汐，都是一種幻覺。

- **要慷慨**。不考慮自身利益的慷慨行為，正是女王的恩典。

在哪裡失去力量（及如何重新尋回力量）

- **追逐力量的幻覺**。金錢與地位都是虛幻的，眨眼就會消失。真正的力量來自清晰的自我意識。
- **為個人利益濫用力量**。其他人的需要才是女王的第一優先。
- **八卦**。負面談話是墮落的陡坡，帶人到恐懼與偏執。不要向嫉妒與暗中誹謗屈服。
- **忘了權力其實是春藥**。面對力量的虛妄時，切記要把持住自己。
- **允許特權使你誤以為權力理所當然**。你只是個普通人，有普通人的問題，不管你的領土有多大。
- **沉溺於權謀遊戲**。這種方式最容易犧牲自己的正直與誠實，更會犧牲你所代表的團體。近年來，企業彷彿戰場上的士兵一個個倒下，只因國王／總裁監守自盜。記得雙手保持乾淨。

女王／總裁自我查核清單

□我會小心不為個人利益濫用力量。
□我會明智地運用自己的影響力，為需要的人提供機會。
□我珍惜自己的人際關係，會努力當一個真正的夥伴。
□我會提醒自己，即使感覺自己是個皇族，我仍舊是普通人，有著普通人的擔憂。
□我會投入自己的能量來為世界創造改變。

結語

記得，讓你成為原型女王的不是財富、宮殿或主宰國家，而是能夠因自己的慷慨而讓其他人過得更好。真正的女王能為自己的世界帶來正向改變。你可以在自己家中陪著伴侶時盡可能地做一位女王，就像在經營企業一樣。讓你成為女王的不是外在環境。你會將自己的女王原型帶進你所在的空間或情境內。所以若是你有女王原型，請務必好好發揮。

第十章

反抗者

Rebel

原型家族：反抗。
其他表現：不服命令者、女性主義者。
生命旅程：打破局限人類心靈基本自由的藩籬。
獨特挑戰：找到自己的聲音與表達方式。
宇宙課題：要超越將權力鬥爭當成在生命中表現權威的需要。
決定性恩典：正義。
內在陰影：面臨小我有目的的藉個人議題來獲得注意。
男性面向：反抗者。
神話：普羅米修斯。
行為模式與特徵：反抗者會……

- 大聲疾呼反對歧視與壓迫。
- 挑戰不正義。
- 穿著風格顯著且大膽。
- 不以傳統方式做事。
- 選擇少人會走的路。
- 為文化導入極端新穎的觀念。
- 性喜興風作浪。

生活挑戰：不要讓內在的反抗者控制自己的情緒天性。

✣ ✣ ✣ ✣ ✣ ✣

生命旅程

反抗者就是無法定義。這是個複雜的原型，演化出不同的表現來跟上人類社會中不斷變化的力量變動。不過無論有多少種表現，反抗者的核心特徵仍然相同，其出發點也是所有人類共有的——一顆反抗的心。

身為人類，我們的生存本能很早就覺醒，再經由父母與其他長者透過基礎指導而磨練與精進。我們被教育要避開火、別玩火柴，要鎖門、不跟陌生人講話，要繫安全帶，別把髒東西放嘴裡，要勤洗手和刷牙。接著，當我們成熟，我們又學習到個人責任的規範。我們學習是非、善惡和道德講理的基本原則。接著來到青春期。青少年期，我們渴望脫離家庭，迫切想獨立。因此，時間一到，反抗特質就出現了。髮型與服裝變得引人注目。我們也開始嘗試藥物和酒精，性行為活躍。極端的態度與行為全都是反抗期的一部分。我們的設定就是要打破前一代束縛性的模式，同時創造出自己的模式。

不過當我們進入成年期，就得面對自己青少年期的反抗特質，控制這衝動行事的習性。許多人自然地脫離自己的青少年反抗期。但也有人選擇滋養自己的反抗特質，將之吸收到自己的人格中。這些人經歷了由反射性反抗所控制的生活，而他們的行為可能損害自己的人際關係與專業機會。他們以「沒有人可以告訴我該怎麼做」這個原則定義個人力量。每個建議，不管多麼有意義或有用，都會被當成企圖要來控制他。

但是也有一些人，他們青少年的反抗特質會成熟，化為更堅強更完整的反抗者人格。這些反抗者共有四種主要表現：高貴反抗者（**Noble Rebel**）、無政府反抗者（**Anarchist Rebel**）、社會／公民反抗者（**Social／Civil Rebel**）以及女性主義反抗者（**Feminist Rebel**）。如果你認為自己是反抗者，你會對以下描述的一種或多種深刻感到共鳴。

高貴反抗者

高貴反抗者與美國建國有密切關係。對這種原型而言，反抗暴政、不公義、不人道與社會邪惡是他們的天職。高貴反抗者公開挑戰政府、獨裁者或其他掌控體制的壓迫，努力為受壓迫的團體或社會確保自由。美國的開國元老包括律師、哲學家、作家、農夫、企業家、學者、著名的發明家還有一位將軍。儘管背景、個性、財富和宗教信仰都不同，讓他們結合起來的就是同樣身為高貴反抗者。這些人的心中全都燃燒著高貴反抗者，鼓舞著他們為超越一己利益的目標奮戰。

根據人類心靈生來有的權利來建立國家，這是有史以來地球上最偉大的「人類試驗」。這些高貴反抗者知道自己正企圖要創造有史以來最能激勵人心的國家，同時他們也正在對自己的政府犯叛國罪。然而，他們是那麼地深信這樣的目標，因此他們簽署了獨立宣言：「以自己的生命、財產、榮譽彼此宣誓」。每個簽署獨立宣言的人都願意為了自己如此深信的目標犧牲自己所擁有的一切，包括生命。

大約七十五年以後，亨利•大衛•梭羅（Henry David Thoreau）在他關於《公民不服從論》的不朽文章中，清楚剖析了高貴反抗者的信念，強調個人不該允讓政府推翻自己的良知或讓自己成為不公不義的幫凶。

高貴反抗者挑戰政府或體制不只是為了戰鬥。這不是快打旋風或是恐怖分子的原型。高貴反抗者所回應的情境是被控違反人道的罪行與專制迫害，為了正義必須挑戰這類惡行。甘地、金恩博士、曼德拉都是著名的高貴反抗者，他們將自己的生命奉獻於解救受迫害的人民。甘地完善了一個所謂非暴力抵抗的反抗方式，不去攻擊、也不以牙還牙，但同時也不退讓自己的堅持。相信拳頭會說話的人不會明白非暴力抵抗的選擇，因為後者運用的是心靈與象徵的力量。儘管這樣的選擇在物質界看來沒有力量，但它們卻是原型層次的海嘯。它們的力量取自象徵界，運用宇宙的意義和目的。甘地、金恩、曼德拉之所以成功，不是因為他們有更多物質力量、金錢或軍隊。他們沒有這類的世俗支持。這些高貴反抗者會成功是因為，他們成為自己所領導的革命的靈性象徵。人們知道這些人之所以承擔苦難，是為了讓更多人過更好的生活，而不是讓自己出名或富有。

成為高貴反抗者不是一種有意識的選擇。你既不會生來就有這個原型所具備的深刻責任，但也不會生來就沒有。當然，你可以問：「我怎麼知道自己有沒有高貴反抗者原型？」嗯，甘地怎麼知道自己的熱情是要幫助解救印度人脫離英國統治？馬丁路德•金恩怎麼知道自己希望促成眾人平等？驅迫這些人的是一種與生俱來的人類正義感，不只是關於自己的公平正義。他們的目標不屬於個人，儘管他們得付出個人生活上的一切代價。不過高貴反抗者生來就對人權與人類尊嚴有深刻的熱情。他們被人類所託付，不管自己想不想要。請相信，如果你具備這樣的衝勁，此時你就會知道了。

無政府反抗者

無政府主義者很可能就是讓最多人聯想到反抗者的原型。話雖如此，無政府反抗者的動機遠比我們在電視上看到的更為複雜，在電視上通常只看到揮舞著武器、向建築物縱火的反抗者。無政府反抗者不該與野蠻反抗者混淆，因為後者會劫掠村莊並將孩童變成吸食海洛因的殺人士兵。不幸的，我們因為盧安達與達佛這些地區的衝突而太熟悉反抗者的野蠻表現。

儘管無政府這種政治失序的狀態通常會導致野蠻和混亂，但無政府反抗者的動機多數時候是出於絕望而想推翻權威。通常某個自發性、一觸即發的事件，象徵著那樣的絕望，因此會讓許多人相信改變的契機已經來到。最近的一個歷史案例就是萊赫・華勒沙（Lech Walesa）波蘭團結運動的創立者、後來成為波蘭首位總統，他爬上圍欄，抗議反對蘇聯政府命令解散勞工聯盟。這個聯盟立刻挺身支持華勒沙，同時激起人們反叛。波蘭首都華沙與波蘭其他城市的街頭，幾個星期間處在無政府狀態中，但這背後是有目標和焦點的，就是——自由。最終結果是冷戰結束。

更近的例子是二〇一〇年十二月在突尼西亞發生的事件，引發了現在所謂的阿拉伯之春運動。一名女警向一位名叫布亞吉吉的普通菜販開了罰單，因為他無照販賣蔬菜，她同時也沒收他的攤車。當他試圖支付相當於七美元的罰金——這是他一天的薪水——這名女警摑了他耳光，向他的臉吐口水，更污辱他死去的父親。當他前往警局申訴，他又受到更嚴重的羞辱。失去了尊嚴，感覺全然無助與絕望，布亞吉吉自焚表示抗議。對見證他最後行動的人而言，布亞吉吉是個尊貴的反抗者，為最終極、最高尚的目標挺身而出，亦即人性尊嚴。

戰鬥緊接地爆發。普通老百姓變成無政府反抗者，要求突尼西亞壓迫、虐待百姓而且當權已久的政府立即終止。如往常般的，一旦無政府反抗者走上街頭，相對的就造成建築物焚燒、暴動持續、武裝力量。沒多久，突尼西亞的起義就擴散到埃及、利比亞接著到敘利亞。重要的是，這些社會混亂並不是阿拉伯之春的最終目標。它們的共通點是打倒壓迫人民的獨裁者。受壓迫的人民看到一個機會，能讓自己由暴政幾十年來的壓迫中解脫。

這不是說無政府反抗者沒有陰暗面。這種原型的力量類型相當容易爆發。無政府反抗者得小心翼翼不要跨越分際：一邊是為了打倒迫害人民的政權，另一邊是利用戰鬥的機會變成野蠻反抗者。兩種類型的反抗者都由最黑暗的人類情緒所鼓動，但如果你是無政府反抗者，你擁有一份珍貴的元素作為動力，就是希望明天會更好。可是，如果你的眼光脫離了那樣的願景，野蠻反抗者很容易就會接手。

社會／公民反抗者

社會／公民反抗是許多社會的主軸，它們也造成了第三種反抗者。儘管許多這類反抗剛開始都只是抗議運動，但潛藏的目的是要為議題四處召集足夠的支持，好激起公民反抗。投票權普及與反越戰抗議都是社會／公民反抗者很好的例子，也因為他們的行動改變了美國政策與歷史的走向。

茶黨（Tea Party）與占領華爾街（Occupy Wall Street）則是當代社會／公民反抗者的例子，代表了獨特的議題或社會辯論，充滿改變社會的要求。如果社會／公民反抗者收集到足夠的支持，反抗的聲音便會開始在群眾心中響起。茶黨是保守派的草根運動，肇因於政治議題，包括減稅與政府支出。茶黨人員成功影響了二〇一〇年的美國選舉結果，在二〇一二年的總統大選中也不容忽視。

占領華爾街團體的組成是因為，美國中產階級的解體以及大量財富把持在百分之一的美國人口手上。對占領華爾街運動的最大批判來自他們缺乏明確的目標，這多半是主流媒體企圖貶抑占領運動，不過其中的關鍵議題直到二〇一二年的美國總統大選仍受到相當討論。

儘管許多這類反抗運動興起與消逝，未能在社會或政治結構上造成多少影響，但是其他由社會／公民反抗者所領導的運動還是有監督政府行動的，尤指那些隱密或完全忽視法治與憲法的行為。調查性新聞工作建立了像是 MoveOn.org 等新聞網站，來揭露政府與華爾街的這類黑暗面。社會／公民反抗者是社會的守衛犬，所有的政府都應該小心注意。

女性主義反抗者

現在，要談到女性主義反抗者，她們的活動也是本章的焦點，因為反抗者原型的這種表現最為廣泛，也是當前社會的主流。不過，這個潮流可能轉眼改變，而全世界的事件也會再次將無政府反抗者與社會／公民反抗者吸引到街頭。但是，女性主義反抗者已適應了一個較為傳統的表現方式，塑造自己更加符合個人主義的宏大社會運動。自我發現和自我表現，對反抗運動所採取的形式有深刻的衝擊。具備這種原型的各位對於傳統的生命選擇更可能投入的是反抗，而不是安排靜坐示威。

以下是女性主義反抗者扭轉常理的幾種方式：婚姻制度正在崩解，因為單親家庭逐漸增加。離婚已是現在女性的選項之一，無過失離婚讓人不再痛苦，也不用再屈辱地需要證明有通姦事實。單身女性開始選擇領養或透過捐精者來生孩子。自從一九六〇到七〇年代女性主義者走上街頭以來，社會氛圍已有劇烈演化。作為一個社會，我們逐漸走向內省，有愈來愈多人努力探索自我。如果這是你的原型，你便屬於那新一波的反抗者，戰鬥的前線在內在，所反抗的是內在的界線而非公民或社會的藩籬。

當代的女性主義反抗者原型才剛上場，但在符合當前世界的同時也帶著許多老前輩的特質。女性主義反抗者的前輩開創了道路——有時得付出鮮血和生命——好讓女性能夠投票、參與政治、同工同酬（更別提有平等的創作機會）、獲得性解放。你或許覺得這些權利理所當然，但是它們並非一夕發生。

女性主義運動共有三波，每一波都反應了當時社會的議題。第一波為女性投票權運動，最後以一九二〇年美國憲法第十九號修正案告終，授予女性投票的權利。這些早期女性主義者由兩位高貴反抗者帶領——蘇珊•安東尼（Susan B. Anthony）與伊莉莎白•史丹頓（Elizabeth Cady Stanton）——她們開啟了全國性的公民反抗運動，喚醒女性體認到自己在一個以平等與自由而建立的國家裡，她們卻兩者皆無。這些高貴抵抗者同時也是社會／公民反抗者，也成為最早的女性主義反抗者，面對著生命威脅與殘忍的對抗。參與其中的女性遭逮捕、毆打、綁著拇指吊起、折磨、挨餓、強暴——全都發生在美國監獄裡。但她們不肯屈服。

第二波的女性主義是女性解放運動，始於一九六〇年代。貝蒂‧傅瑞丹（Betty Friedan）用她的著作《女性的奧祕》（*The Feminine Mystique*）轟開美國家庭主婦的大門。傅瑞丹是個家庭主婦，也是媽媽，但她挑戰當時的社會常態，不認為妻子與母親這樣的角色就能滿足有創意、動力且受教育的女性。記者葛羅莉亞‧斯坦能（Gloria Steinem）成為這項運動的主要發聲者，該運動成員要求同工同酬、性別平等與墮胎權，並且成功拆除了女權的社會與公民藩籬。

有許多人否認第三波女性主義——始於一九八〇年代並持續至今——實際上是存在的。今日的女性世界和早先引發社會與政治活動的世界已經相當不同。當代的女性主義反抗者既不激進也非抗議者。你已經是生活在一個鼓舞多元價值與個人表現的世界。除非你是占領運動的成員，否則你很可能沒有興趣為某項議題奮戰，甚至不認同於任何議題。許多具備這個原型的人，甚至不認同「女性主義者」這個字眼。身為女性主義反抗者，你充滿動力、獨特、或許背離傳統，甚至大膽無畏，但你絕非激進人士。如果你想要，你甚至還會反抗自己身為自由女性的這個事實，選擇傳統的婚姻與生兒育女的生活方式，或者一邊追求事業一邊養育子女。回到一九六〇與一九〇年代，這樣的選擇可會被視為背叛女性主義運動所代表的一切。今日的女性主義反抗者，可以在必要的時候投入反抗者原型，但是這種原型的表現遠比我們截至目前探討的反抗者原型表現都更為細緻。

你內在的女性主義反抗者反抗傳統的方式通常是挑選古怪的外衣，而不是針對某個當前政治議題採取特定立場。你不是戰士，不像無政府反抗者或社會／公民反抗者。你能參與打動你心弦的社會議題，但政治與社會議題對女性主義反抗者的影響，不如它們對其他反抗者前輩那樣。例如，你或許就像社交名媛科妮莉亞・格斯特，雖然從小接受名媛的教養，但是卻選擇與普普藝術大師安迪・沃荷交往，致力推廣動物權——甚至為保護動物組織廣告全裸上鏡，並且創辦一間純素餅乾公司。

身為女性主義反抗者，你珍惜你的自信、獨立並且願意冒險。如果有人想要介入這些珍貴的個人自由，你內在的女性主義反抗者就會勇敢做好應戰準備，並開始進行個人（即使不到職業級的）反抗。我認識一位名叫吉兒的女性，她完全符合女性主義反抗者的特徵；對她而言，一觸即發的敏感問題就是「如果你這麼做，別人會怎麼想？」這樣的想法。吉兒活躍在一個不需要觀眾認同的世界，這也是對有史以來最常見的心靈阻礙的一種反抗。有許多人把自己的生命放在次要位置是出於恐懼，害怕其他人是怎麼看待他們選擇的後果。害怕自己萬一失敗會受到羞辱，或擔心自己的選擇若是威脅到身邊最親愛的人的話，會遭到排斥，這讓他們不敢選擇活出自己的夢想。不過，吉兒卻很早就反抗這樣的束縛，為了實現自己的生命，吉兒決定破除那種需要擔心他人怎麼想的恐懼。毫不意外的，這一步需要反抗那個與她一起成長的傳統。

對另一種女性主義反抗者來說，獨立不是來自反抗傳統，而是反抗自己叛逆的本性。這是從她與充滿控制慾的男性交往開始。儘管她表面看上去是個獨立的女性，永遠不受任何人的威脅，但是關上門後，她就活在夢魘中，一舉一動都受到控制，透過言語甚至是肢體的霸凌。到某個程度，她會尋找能夠保護自己的伴侶，但是為了交換，她得犧牲自己的力量，就是反抗的能量。然而，這也傷害了她的自我尊敬，因此這變成惡性循環，直到女性主義反抗者提出抗議，要完全退出這個關係。女性主義反抗者或許會無意識地創造一種虐待性的關係或工作處境，好讓自己投入真正的反抗特質。如果你經歷過痛苦的經驗來重拾自己的反抗者自我並脫離原有狀態，你對這個道理便能心領神會。

儘管女性主義反抗者是典型反抗者家族中最不叛逆的，但如果必要的話，你也能轉變為無政府反抗者或社會／公民反抗者，因為你具備這樣的潛能。許多人不知道自己夠格參與社會反抗，因為他們從未面臨值得的議題。和平的環境不會引發你內在的無政府或社會／公民反抗者。但如果你的公民權利愈來愈受到威脅，到某一刻你會說「夠了」！你是女性主義反抗者，不是因為你生來如此，例如高貴反抗者，而是因為在某個層次你選擇如此。

今日的女性主義反抗者，享受第一與第二波女性主義者的奮鬥成果；她們為人權挺身而出，相信自己能讓世界變得更好。你或許未曾親身參與抗爭，但很重要的是，記得所有為你鋪路、讓你能在世界有所作為、有所奉獻的偉大女性，這些都是你享有的遺產。

獨特挑戰

自從越戰結束後，我們便居住在一個不曾由抗爭所驅使的社會裡。一九六〇與一九七〇年代所獲得的社會與政治自由已經被主流吸納，而我們這個社會已經由街頭上的抗爭走向心靈抗爭。那麼，這種社會氛圍的轉變如何影響女性主義反抗者這樣的原型呢？嗯，這個原型演化出另一種表現，以跟上集體社會心靈的思考模式。

背離傳統，進行時尚或生活方式的選擇的實驗，這已經成為一九六〇叛逆年代以後演變出的個人主義運動的表現。對今日的女性主義反抗者，你的穿著和生活方式是你表現自我獨立的主要方法。如同我們在時尚者原型中提到的，個人風格可以是一種顯而易見的力量宣言。

身為女性主義反抗者，你因挑戰極限而充滿活力，有時也喜歡透過自己所做的選擇（從髮色到生兒育女）在社會氛圍中帶來衝擊。

所有的反抗者，包括女性主義反抗者，其原型的設計都是為了帶來改變。傳統的做事方式讓你覺得快要窒息。你或許能體會為何有些青少年會對母親說：「你不讓我刺青真是不公平」，因為幾年前你自己就是這樣。現在很可能你身上就有一兩個刺青，就像安潔莉娜•裘莉、蕾哈娜、克莉絲汀娜•蕾茜、維多利亞•貝克漢、甚至是海倫•米蘭這幾位女性主義反抗者一樣。

你的挑戰就是要發現一個有創意、充滿動力、而且（這很重要）建設性的方式，來運用自己反抗的天性，不讓它成為心靈中破壞的力量。你的活力與打破傳統的衝勁能發揮的領域包括：音樂、藝術、時尚、設計、美容還有科技業，因為這些領域的從業者常用的口頭禪就是「為什麼不可以——我們還能做些什麼？」不過即使你受到傳統的領域所吸引，譬如法律、社工、新聞調查等，正義乃是你這個原型的恩典——你的女性主義反抗者會有足夠的膽識來競爭並取得成功。

宇宙課題

無論你是哪一種反抗者，自制或許不是你的強項。反抗者原型最有名的就是極端易怒，過度反應，行事作為不考慮後果。因此，反抗者的宇宙課題就是要學習到，即使「叛逆」的決定也最好經過深思熟慮。這需要知道反抗的「反應」與有意識的反抗的「決策」之間的差別。兩者都有後果，而假如你只是反應性地衝進某個處境，後果就可能會是傷害感情甚至引發混亂。

叛逆性的反應，本質上就是徹頭徹尾不經思考。它們經常充滿情緒性、草率；經常是出於挫折感所發出的力量宣言，但是缺乏焦點、領導和一個清晰的結果，讓人想問：反抗之後有什麼明確計畫？誰要負責主導？下一步是什麼？放火很容易，但是控制火就是不同的挑戰。我們都知道，如果火失控了，整個鄰近區域都會付之一炬。

同樣的道理也可用於開啟在自己的生命中、哪怕是最和緩的反抗。你做的每個選擇都會開啟某種改變的循環，但是切記，你所做的決定會影響他人的舒適區，這點更重要。反抗者，就算是女性主義反抗者，都因為打破他人的舒適區而惡名昭彰。

所以這個原型的課題是：不要只為了吵鬧而反抗。自制決策，尤其是啟動改變、打破傳統規範的人，必須發揮最佳的內在精神來負起責任。如果你將啟動反抗，請捫心自問：我知道我不想要的是什麼。我知道我想要的是什麼嗎？那是否值得反抗，或者這個處境只需經過討論便可解決？

決定性恩典：正義

正義恩典服務反抗者原型，因為反抗者本質上就會挺身對抗任何不公平與壓迫。反抗者也會激勵他人打破藩籬，重新開始，因為那是正確的選擇。和所有恩典一樣，正義有許多種的表現。在基本層面，正義與法律正義有關，也就是在法庭上舉行的各種程序。許多反抗者之所以採取行動，正是因為社會缺乏法律正義。多虧了美國反抗者，人權宣言的簽署於是確保了美國將是基於法治與正義的國家。

在更精細的層面，這項恩典會啟發你內在反抗者以較不具侵略性的方式促成改變，永遠致力於引進新事物。反抗者挑戰過時的社會規範與道德準則，支持同性婚姻與藥用大麻的議題，因為你將它們視為公民正義。當反抗者支持某個議題，政客就會開始關注，美國有愈來愈多州支持同性婚姻就足以證明這點。

身為女性主義反抗者，你很容易發現自己受支持人權議題所吸引，因為你相信這是正確的事。你或許不是傳統上的政治或社會運動者，但是當你面對生命中的公平與正義，你就會在那裡——大聲疾呼。

內在陰影

女性主義者的獨立性格與反傳統思維的黑暗面就是，個人動機——渴望獲得他人注意。不過，你或許會問，多數時候大部分的人都有個人動機啊？讓我們誠實點：人類就是這樣的。不過，對女性主義反抗者而言，注意與欣賞是你實際的動機與計畫目標。女性主義反抗者渴望他人認同，因為你們需要成就感。畢竟，如果你要這麼努力地成為不同、獨特、大膽的人，總得要有人注意到，不是嗎？但是，如果沒有人注意到怎麼辦？如果你所有打破規範的努力都成空？或者如果有其他女性主義者比你更大膽，讓你的原創性大大降低？我只能說：小心！

身為女性主義反抗者，你有創意、有野心、充滿動能、有趣甚至狂野。但是當你的大膽未獲欣賞，你可能會因為嫉妒而面紅耳赤，並且將世界變成戰場，將朋友變成競爭者甚至死敵。你會點燃內心的反抗，想像你要對這個人那個人說什麼。你不去腦力激盪，反而是讓腦中充滿動盪不安——有時候真的會造成偏頭痛——直到你醒悟過來。

個人動機可能會演變出危險的個人旅程，無論是對我們所討論的任何原型而言。然而，對於女性主義反抗者，滿足你自己需要獲得認同的渴望尤其重要，不要讓其他人為你這麼做。當你感到嫉妒來襲，建議你找個地方冷靜下來，別讓自己因為黑暗的腦內風暴而開始煽風點火。你總是想做點什麼，因此無論你做了什麼，對於你個人的目標，你要誠實面對。有一天，你會感謝自己這麼做。

男性面向

關於反抗者原型所說的一切，除了女性主義反抗者之外，同樣都適用於男性和女性。不過有一種反抗者男性特別值得注意，因為他無論在哪裡都會引導出女性的照顧者／拯救者。我說的是那種陰暗、被誤解的壞男孩反抗者，最著名的形象代表就是詹姆斯•狄恩一九五五年的電影《養子不教誰之過》（*Rebel Without a Cause*）所詮釋的角色。狄恩將這種男性反抗者帶入美國社會，而女性也立刻受到這種原型的吸引，相信自己便能解決他的痛苦。狄恩所扮演的吉姆•史塔克，體現了因自己無法言說的理由而痛苦的反抗者。為什麼吉姆這麼憂鬱？他來自典型的中產階級、住在郊區的家庭，可是仍有問題。家庭中的原型角色被調換了：控制慾很強的母親控制著自己的先生和兒子。青少年缺乏強而有力的男性角色楷模，但他也迫切需要。他處在力量危機之中。他的父親無法引領他成為男性，儘管作為父親必須要這麼做。吉姆唯一對成為無力男性表現絕望的方式就是反抗，在他周遭的世界中發洩自己的挫折感。

反抗者神話

普羅米修斯是希臘神話中的泰坦神之一，祂給了我們反抗者原型的神話。宙斯為了讓凡人無法獲得太大的力量，拒絕將火元素給與人類。不過，普羅米修斯反抗並從宙斯身邊偷走火焰，給與住在洞穴的人們。有了火，人類開始興盛起來。宙斯相當憤怒，下令將普羅米修斯倒吊在山崖上，讓老鷹日日來折磨祂、啄食祂的肝臟，但是肝臟在夜裡又會長回來，讓普羅米修斯第二天再度承受同樣的痛。

在火焰事件後，宙斯決定送凡人一項禮物，要清楚提醒人類誰才是世上力量之主。祂命令眾女神創造出一位女神，既美麗又充滿誘惑，但最重要的是非常好奇。這就是潘朵拉。

宙斯派遣潘朵拉到世上，嫁給普羅米修斯的弟弟埃比美修斯。宙斯贈送潘朵拉一個瓶子（有些神話版本說是盒子）當成結婚禮物，但嚴厲地命令祂切勿開啟。不過宙斯很清楚，潘朵拉非常好奇，等不及想看看裡面裝了什麼。祂從先生身邊溜走，匆匆回房並打開瓶蓋。裡頭飛出許許多多苦難要折磨人類：疾病、悲劇、死亡、哀痛、嫉妒、仇恨等等。潘朵拉努力想蓋回瓶蓋，但已經太遲。悲傷的祂最後又看了看瓶底，裡面還有一項禮物：希望。

這裡的道德教訓當然可以討論，就像所有偉大的神話一樣。不過其中一個詮釋就是，挑戰神的智慧是一種錯誤，會帶來嚴重後果。但是神仍然是慈悲的，因為即使人類必須面對的後果也都帶有希望。普羅米修斯以為宙斯永遠不會給人類火，所以祂反抗神的智慧並且想自己扭轉宙斯的計畫。祂為自己的反抗付出嚴厲的代價。可是有了希望這樣一份禮物，似乎又暗示著宙斯知道普羅米修斯是出於善意，是為了幫助人類發展而不是想傷害他們，才將火帶給人類。

普羅米修斯仍是反抗者強大的象徵，因為我們都在生命中反抗著諸神，認為自己最知道。換句話說，我們違背自己的直覺或內在指引。如果我們的指引泉源不是神聖的智慧，又會是什麼呢？

生活挑戰

對女性主義反抗者來說，她們的挑戰就是準備好面對反抗選擇所帶來的生活改變。不要以為「叛逆」指的只是態度上的選擇。你不需要鄙夷這個世界。反抗的選擇有各種可能，不管是決定穿上大膽的服飾風格，或是追求靈性修持，代表著脫離你所成長的傳統。反抗的選擇所做的就是以某種方式改變你的生命。你或許認為決定穿著更大膽的衣服沒那麼叛逆，尤其是如果你沒得到預期的反應時——例如每個人都端坐行注目禮。你的內在反應比你的行為所能引發的行動更為重要。反抗的選擇需要勇氣，讓人感覺自由，彷彿你剛剛從飛機上跳傘。在某方面，確實如此——至少是心理上的——只要你褪下截至此刻深深影響你做決定的舊有模式。

只要你脫離某個模式，那麼打破下一個跟下下一個模式就會愈來愈容易。我認識許多打破傳統角色的女性，她們提到一旦領悟自己不再符合過去充滿局限的生活，她們會同時感覺興奮與恐懼，但是她們還不確定自己該如何以獨立女性的姿態生活在世上。她們喚醒自己內在的女性主義反抗者，儘管只是悄悄低語，但是那個原型確實存在，而且對許多這類女性而言，這部分的自己乃是她們最驚人的原型發現。

辨認你的原型：你是反抗者嗎？

反抗者通常很清楚自己是誰。不過萬一你還不確定自己是否符合這個原型，請看看下頁的行為模式與特徵，看看自己是否有共鳴。無論你是哪一種反抗者——高貴、無政府、社會／公民或女性主義——大體的特徵都適用於你。

反抗者
行為模式與特徵

- 你從童年起就展現出反抗的個性。
- 你以挑戰不公正的權利來認定自己。
- 你大聲反對歧視和迫害。
- 你拒絕聽從命令，只聽自己的話。
- 你追尋的靈性道路和童年的信仰不同。
- 你最喜歡興風作浪並打破現狀。
- 你不按慣例而且獨立，是自由又充滿創意的思想家。
- 如果你活在過去，可能會在美國獨立運動中帶領人民起義。
- 你用非傳統的方式做事。
- 你會帶來改變，在文化中導入全新觀念。
- 你的穿著大膽而引人側目。
- 你選擇較少人走的路。

投入你的原型：運用反抗者的力量

在將自己定義為反抗者之後，下一步該如何？你如何能引導諸般反抗能量在世間帶來正向的改變？以下這些建議能幫助你完全發揮自己的原型：

- **掙脫束縛**。如果你一直壓抑自己的反抗者，現在該得讓她自由。無論你對什麼議題心有所感——不公平的措施、同性戀權益、食品安全、言論自由打壓——請你站穩立場。一定要將這些議題攤在陽光下，並設定改變的方式。接著，為了確定自己能夠達成目標，請募集你的部隊。召集所有立場相同並願意行動的人。
- **控制自己**。反抗者經常會一頭熱。如果貿然行動或者不留心自己的言語，你可能損及自己的努力。要學習退後幾步，思索後果，然後才投入行動或說出自己無法收回的話。
- **當個有目標的反抗者**。有意識的反抗和為反對而反對是不同的。要確定自己想推翻現有結構的渴望是有合理的目標，不只是隨便找個目標。有時候，帶來改變最有效的方式是逐漸的。試試「軟性」革命：有戰略、有計畫。慢慢而穩定的進行，會吸引更多人參與。
- **為（內在）革命而穿**。或許你不適合參加街頭抗爭。你的革命方式或許是將頭髮染成粉紅色、紋身、或者將「安全」的穿著換成讓街頭小子都覺得自己丟臉的衣服。去吧！勇敢去做，別害羞。一點點自由的作為會引領下一個。很快你的生活就不再是為了獲得他人認同。

● **養育反抗者**。當然青少年很叛逆。青少年全都為獨立而奮戰。但是你另一個小小反抗者呢？從幼稚園到國中階段。你是否該鼓勵她們內在的反抗性格呢？如果只是孩子的固執或是想考驗你的權威，當然不要鼓勵。不過，如果你覺得自己的孩子是個自由思想家，請務必支持。讓你家的小小反抗者逆潮流而行，穿著誇張的衣服，三餐不分。說不定接下來，她就會串連同學要求健康午餐或是抗議購物中心員工受到不公平待遇呢。

力量是反抗者的好朋友，是正向改變的火車頭。但是你需要知道如何獲得力量、保有力量、明智地使用力量——還要想清楚，失去時該怎麼辦。以下是運用力量的一些策略：

在哪裡獲得力量

● **表達自我**。你需要自由地做自己，即使有時要大膽妄為。

● **盡量運用女性力量**。女性努力為平權奮鬥。不要將這些權利視為理所當然；充分地享有它們。

● **敢於冒險，大膽生活**。「害羞的反抗者」就某方面來說是矛盾的。大膽爭取吧！

● **為他人權利發聲**。你最擅長挺身反對歧視與壓迫。

- **投入大戰**。不要浪費能量追逐自己的私人計畫。要找到超越個人且值得投入的議題。

在哪裡失去力量（及如何重新尋回力量）

- **過度反應或衝動反應**。魯莽會傷害你的議題。練習瑜伽或靜坐來讓自己冷靜。
- **發脾氣**。道理一樣。
- **讓絕望主導你的行動**。要獲得好的結果，就必須有清楚的目標。有效的活動是需要方針的。
- **為反抗而反抗**。將那股能量導入有建設性的事物。你當然找得到值得投入的目標。
- **忽略內在的反抗者**。壓抑衝動並不是解決辦法。要尋找正向的出口。
- **沒獲得認同就發脾氣**。如果你反抗但沒有人鼓掌又如何？你可以鼓勵你自己。
- **不了解自己的反抗行為如何影響他人**。革命有其後果，通常影響深遠。走每一步的同時都要充分覺知。

反抗者自我查核清單

□ 我能透過實驗我的時尚與生活方式的選擇，來釐清自己反抗的衝動。

□我感恩今日身為女性所享有的一切權利，也感恩過去的反抗者以勇氣和決心讓這一切發生。

□我會挺身反對任何個人、組織或政府限制權利——不管是我自己或其他人的。

□我致力於成為負責任的反抗者。我會想清楚自己希望採取的任何社會或政治行動，以確保它們帶來幫助而非傷害。

□我會以佛陀的話語讓自己憤怒的心冷靜：「憎恨永遠無法消滅憎恨，只有愛才能療癒。」

結語

反抗者原型承載你的火焰、你的力量。開始認識這個部分的自己。它需要強大的勇氣來支持你所相信的事物，但正是這種勇氣讓生命有目標、有意義。

第十一章

靈性追尋者

Spiritual Seeker

原型家族：靈性。
其他表現：神祕主義者、醫者。
生命旅程：成為靈性一致的人類。
獨特挑戰：讓生命融合靈性、情緒與物質需求。
宇宙課題：真理會帶來自由。
決定性恩典：謙遜。
內在陰影：一般的生活法則不適用在我身上，因為我是靈性且特別的。因為我走在靈性道路上，所以壞事不會發生在我身上。
男性面向：靈性追尋者。
神話：追尋靈性道路會導向貧困與孤獨。

行為模式與特質：靈性追尋者會……

- 無條件信任直覺。
- 希望深刻地理解真正的自己。
- 尋找生命的真正意義與目標。
- 致力於靈性進化的道路。
- 視靈性理解為第一優先。
- 希望生命不僅僅是物質上的成功。

生活挑戰：喚醒直覺智能。

✣ ✣ ✣ ✣ ✣ ✣

生命旅程

過去五十年來我們周遭的世界已有很大的改變，同樣甚至更大的改變也發生在我們內在。此刻我們已經成為一個內在導向的社會，但同時也是一個外在雄心勃勃的社會。我們渴望要了解心理和靈性的本質，渴望傾聽直覺智能。我們詢問許多關於生命意義的問題——也想了解自己生命的目標。我們追尋著各種靈性資訊。

許多人認為神祕主義者就是要過著完全投入靈性或寺院生活的人。不過六〇年代的反文化以及之後的新時代運動開啟了轉變，重新定義了美式的靈性，同時塑造另一個原型——靈性追尋者。追尋者會擺脫傳統宗教的束縛，閱讀東方宗教的經典，探索靜坐冥想，逐漸投入全人醫療，後者也開啟了療癒的靈性層面。當代的神祕主義者已經演化成靈性追尋者／神祕主義者，這是一種混合式原型，包括了神祕主義者豐富的內在本質以及靈性追尋者的當代價值觀，結合人類心靈的永恆面與我們生活的這個時代的基本面。如此一來，這兩種原型也重新定義了靈性法門的本質。

在今日的世界，新的修道院就是地球村，這是一個我們都要努力維繫的神聖生活領域。因此，靈性追尋者，因為傾向於外在世界，所以能完美地與神祕主義者搭配，後者正是主導內在生命活動的原型。你的靈性追尋者較偏愛以自我為基礎的世界，而你的神祕主義者則受到你永恆的層面所吸引。

不過這些原型——靈性追尋者、神祕主義者、靈性追尋者／神祕主義者——的特徵為何？如果靈性生活以某種方式呼喚著你，該選擇它們之中的哪一個呢？

靈性追尋者

對某些人而言，可能是個人危機或健康危機讓你走入書店並挑選生平第一本自助書籍，或者讓你第一次想參加關於個人意識或靈性的演講。對某些人來說，或許是一次短暫的直覺智能經驗，或片刻超越一切的清明，因此暗示了這個世界並不全是眼見為憑。靈性追尋者原型的出現，是因為像你這樣的人對於非物質世界產生好奇。這個原型也持續增加其吸引力場，只要世上的不安與不確定感，讓愈來愈多人尋找詩人艾略特所謂的「在世界運轉的停駐點」。

不過請注意，這個原型稱作靈性「追尋者」而非靈性「發現者」。根據定義，靈性追尋者總是不停想尋找更多，但更多什麼呢？所謂的「更多」，通常偽裝成某種生命的失常。有些意料之外的事情發生，突然間你就站在十字路口。或許挑戰來自離婚、財務困難、悲劇性失落或是嚴重的健康問題，但無論如何，結果就是你過去採行的生活方式看來不再可行。如果你像其他具備靈性追尋者的人一樣，那麼就在此刻你會開始（或許也是生平第一次）思考：「我生命的意義與目標是什麼？除了推動我走到這裡的事物之外，一定還有些別的什麼。」

事實上，「我生命的意義與目標是什麼？」不是一個問題，而是一個咒語、一種祈請；你希望了解你所能過的生活更深刻、更真實的一面。你希望這個由自我感（小我）創造出的生活，能夠替換成以更有意識的個人來度過的生活。藏傳佛教導師邱陽創巴仁波切（Chögyam Trungpa Rinpoche）最著名的就是警惕自己的學生：「我給你們的建議就是——不要走上靈性的道路。這太困難了，太久了，要求太高了……不過，如果你開始了，最好要撐到結束。」

幾世紀前，僧侶與修女得準備好幾年，才能提問「我是為什麼目的而生？」他們知道，說出這句強而有力的祈請就像是在說：「請將幻覺由我生命中剝除。請讓我清楚看見自己，包括光明面與黑暗面。請給我勇氣深深去愛、去挑戰那部分有力量摧毀其他人類的我。」

「你」為了什麼目的而誕生？你的小我或許希望答案是光鮮亮麗的工作、完美的婚姻、或是滿足其他夢想，不過事實上，意義與目的都是神祕的力量，而非營利性質的力量。意義與目的從不會被「給與」我們。相反的，這些禮物之所以開始在你的靈魂顫動，是因為你接受一條服務之道，並藉此發現自己內在讓他人與自己的生活變得更好的能力。人們太常害怕靈性之道會讓人無家可歸、貧窮或孤獨。儘管如此，它們都只是小我根據幻覺創造出來的夢魘。但這些都是很強的夢魘，有足夠力量讓某些靈性追尋者尋找能提供物質回報的意義與目的，直到某種危機介入，喚醒自己向內尋找答案的需求。

神祕主義者

神祕主義者是冥想者（Meditative）家族中最古老、最繁複、在許多方面也是最令人著迷的成員。神祕主義者原型像是多切面稜鏡，無法以單一概括性的定義來描述，因為它是透過個人內在經驗來讓每個人認識到它。神祕主義者受醒覺去意識到個人內在指引，並且在無形間信任它。邱陽創巴仁波切經常告訴學生：「第一個念頭就是最好的念頭。」對神祕主義者而言，確實如此，因為你會本能地回應直覺閃電般的降臨，這也是你認識一切的根本方式。

在我們之中的許多人，一旦指引從靈魂純淨的氣穿透到了心智，它便失落於自我恐懼與不安全感、以及五官感受的虛幻所帶來的混亂操控模式，讓我們只相信自己的視覺、聽覺、味覺、嗅覺與觸覺，不相信內在的真理知識。不過，神祕主義者已經覺醒並信任自己內在感受的權威，有意識地努力由心理與物質世界的幻覺中收攝。這不代表你總會成功達成。身為神祕主義者，你和所有人都要面對同樣的生命課題。然而，神祕主義法門或神祕意識所提供的是一種真實內在真理的感受，讓你能分辨生命中何者為真、何者不是。

神祕經驗也並非神祕主義者所獨有。我們全都經歷這樣的時刻，彷彿自己超脫時空，進入更高意識領域。只不過，神祕主義者似乎主要是由這種擴展意識的角度來面對生命。你並不害怕遇見真理會如何改變自己的生命；事實上，你會去尋找真理而非逃離真理。包括詩人瑪雅•安傑羅、科學家愛因斯坦與霍金、以及太空人愛德嘉•米契爾在內，具備神祕主義者原型的人們已打破一般基於恐懼思維的藩籬，喚醒自己的直覺智能。對這些人和許多神祕主義者而言，實現個人抱負的工作、致力於人類的改善，就是通往真理的墊腳石。

靈性追尋者／神祕主義者

當代靈性追尋者與典型神祕主義者之所以結合，是因為我們在今日世界中需要兼有兩者才能進行靈性修持。持續尋找但卻不真正改變自己生命、不真正改變自己的內在價值觀、不去真正學習謙遜地走在神聖的領域中，是不夠的。不過，我們卻活在一個不再接受寺院的世界。少數人想要退隱，在寺院與修道所的保護下過著虔誠的祈禱與靜默的生活。同時，我們詢問自己深刻、具有靈魂高度的問題，喚醒內在的神祕主義者。幾乎所有靈性追尋者都不滿足只是思考如何快樂，總有一天他們會提出重要的問題來打破小我與靈魂之間的藩籬。如果你具有靈性追尋者原型，但時候未到，別擔心——總會來的。

靈性追尋者／神祕主義者的生命旅程聚焦於認真地、有意識地在身、心、靈合一的狀態下生活。「言行一致」這樣的警語可說是這個原型的箴言，做個身心靈一致的人，並致力與真實和諧生活。一致的人不會說一套、想一套，也不會否認自己的感受來損害自己的一致。一致性要求你的感受與信念必須和諧。與真實和諧生活，代表你不會懷抱祕密或躲在舊傷口之下，也不會背叛自己或他人。然而，變得一致不會一夕間就發生。這不是週末工作坊所能給你的。這是一生的旅程，要用一生去投入。

要成為並支持一致的個體，靈性追尋者／神祕主義者是最完美的原型。你內在的靈性追尋者想要更了解為何你是這個樣子，想要幫助你解答內在生命的奧祕，例如「我真正尋找的是什麼？」以及「什麼才能真正讓我快樂？」這類問題通常會啟動靈性旅程。表現上或許是尋找另一份工作或其他能讓你快樂的事物，但實際上那是一個永遠存在、不停鼓動的神祕主義力量，讓你更深入個人真理的道路。最終，你內在的靈性追尋者會體認到內在神祕主義者的存在，因為後者會透過直覺提醒著你：要能找到持續的快樂，你必須有勇氣誠實面對自己，知道自己是誰，知道自己的感受，自己相信的是什麼，想怎麼過生活。

獨特挑戰

今日靈性追尋者的問題在於，你該將靈性事物擺在其他生活的興趣與價值之間的什麼位置。你的靈性道路是嗜好、智趣、或是真正的虔誠？我們這個社會偏愛理性，不好神祕領域。凡事栽進去以前要求明確的證據。我們通常寧願在餐桌上討論自己想要的神，也不願透過祈禱和反思來獲得真正的神祕經驗。我們受靈性文獻吸引，卻害怕靈性經驗。我們著迷於心靈技能與天賦，例如直覺智能與療癒恩典，但卻通常把祈禱看作只是一種求救信號。有多少次，我們聽醫師說：「我對這個病人已經盡力了。現在我們只能祈禱。」他的意思是說：「現在醫學科技已經發揮功效了，就繼續看看是否有什麼宇宙力量能夠幫忙的。」當然，如果我們真正認同祈禱的力量，那麼我們會在就醫之前祈禱——和身邊的醫事人員一同祈禱。但這是在理想世界。

這些年來我遇過各種靈性人士，有些我覺得是真正的神祕主義者，有些則會問我說：「你能否建議一些真正有效的祈禱文呢？」（換句話說：你有什麼魔法可以傳授我嗎？）在一次介紹祈禱與療癒工作坊的休息時間，我和一位參與者聊天，想知道她希望從靈性生活中尋找什麼。她面無表情，呆了一會兒後終於回答：「快樂。我只想快樂。」快樂？於是我問她，「快樂」對她而言意謂什麼——她要獲得什麼才能快樂？「安全感和伴侶，」她回答道。

在另一次約有八百人參加的工作坊，我提出三個問題：「你是否相信自己走在靈性的道路上？你在靈性道路上想追求什麼？你的靈性生活是第一優先或只是嗜好？」多數人都認為自己走在靈性道路上——這一點也不意外。不過第二個問題的答案明顯看得出來，從來只有少數人會問自己：「我在尋找什麼？我讀這些書、參加這麼多場演講，真正想追求什麼？我到底在這裡做什麼？」

所以我問他們：「你們之中有多少人至少有二十本以上的靈性或相關主題書籍？」幾乎所有人都舉手。接著我問：「你們有多少人會針對其他主題買二十本以上的書，即使你們不知道為什麼要去讀它們？」觀眾哄堂大笑，因為我說他們是有意攪擾自己的心智——選擇停留在自己的思維層面，以避免真正遭遇內在自我和真正的靈性道路。我提到那位希望從靈性道路上獲得安全感和伴侶的女士，有幾個人承認自己的動機也相當類似：財務上的安全感、生命伴侶、確定自己不會失敗、還有良好的健康。

所以我的結論是，今日許多靈性追尋者將靈性道路視為通往生活健康、快樂與安全感的道路。這種原型路線圖的問題在於，這些目標從古到今都不是真正靈性道路的核心目標。他們符合的是人類所希望的日常生活——物質與情緒滿足的普遍目標。說實話，這沒有問題。這些都是基本的生存需求，每個人都需要這些來感覺自己的安穩。

不過，它們都不是靈性道路的指標。相反的，靈性道路讓你聚焦於內在，發現自己內在的特質，面對自己內在的障礙。你會轉向你的靈性自我，讓你的價值觀、信念、核心真理達成一致。舉例來說，問問自己：「對於遭受羞辱的恐懼，這對我的生命有多大的控制權？」這個核心的靈性問題會讓你深入自己的生命。這樣的問題會將你內外翻轉，呼喚你開始進行靈性的自我檢驗，讓你真正觀察自己如何、為何做出某些抉擇。遭受羞辱的恐懼對你有多大的權威？如果你去挑戰這樣的恐懼，你的生命會如何改變？你是否會以不同方式傾聽內在指引，假如你培養出更強大的自我價值感？靈性道路是一趟困難的旅程，需要你用上後半輩子的時間全心投入。目標是靈性自由——讓你能不帶恐懼去愛並且接受愛，發揮你最完整的創造潛能。

所以如果你的原型是靈性追尋者，那麼你的道路將是深入內在，發現自己被賦予生命的諸多原因，進而擁有勇氣來探索自己的各種天賦。不過，如果擔心自己走上這條道路就必須付出所有的金錢、為了保持獨身而放棄性生活，請放心，那些都是過時的恐懼。我們已經過了中古世紀。

不過，歷史上靈性道路確實被視為不同於物質世界的生活。有些領域屬於神，有些領域屬於人，各自擁有自己的規範。我們都被教育說，如果我們善良並服從神，壞事就不會發生在我們身上，因為神很公正，會保護好人。可是事情並不真的這樣發展。事實上，壞事會發生在好人身上，好事也會發生在壞人身上。生命不是公平的。了解這點，是靈性道路上重要的一步。不要去尋找你想要的生活，而是要試著了解生命本來的樣貌。身為真正的靈性追尋者／神祕主義者，你要尋找生命之旅的真相，要追問這樣的問題：「神聖是如何讓我們知曉其存在？」「生命的秩序到底是怎麼一回事？」「如果沒有邏輯秩序，那麼我如何知道在生命道路上該遵循什麼朕兆？」

要了解神聖的本質，最好就是透過研究一致、掌管生命全貌、超越所有宗教的事物——換言之，就是宇宙的神祕法則。當你將注意力轉向神祕法則如何在你每次呼吸中運作，那麼你內在的靈性追尋者就會融合你內在的神祕主義者。

例如，想想這個法則：每個因都會生成一個果。當它應用於個人生活，這代表你做的每個選擇都有一個後果。你的選擇的後果，無論大小，最終都會顯現於你生活的細節中。今天匆忙中對別人說出的評語，或許十年後會出現並糾纏著你，同時你早已忘記的善行益於人，或許讓銀行信貸員決定不要拍賣你的家——我認識一個男士就是如此。

還有另一個神祕法則告訴我們：存在個體中的必存在於整體。想想一個人的行為對整個世界可能產生何等效應。一名恐怖分子，賓拉登，當他啟動九一一事件，整個地球村的安全便永遠改觀，因此這個星球上每個人未來的命運也隨之改變。

同樣的法則也以有益的方式運作，亦即整體人類都會由你個人仁慈、慷慨、愛、寬恕與祈禱行動中獲益。這是神祕學的真理，所以不可能加以證實。偉大的神祕主義者，例如亞西西的方濟各、大德蘭和魯米，都曾詳盡敘述自己關於這些神祕法則的內在經驗，但是他們唯一能將這些真理向世人揭露的方式，就是透過自己在生命中所做的勇敢抉擇。你也能這麼做。

宇宙課題

讓我們回到這個問題：身為靈性追尋者，你真正追尋的是什麼？如果我告訴你，你其實正在找尋一個與真理舒服相處的方式，你會怎麼說呢？如果你反思那些迫使你在靈性道路上持續前進、讓你持續尋找新思維與新觀念的動力，你終將理解自己正在尋找方法讓自己獲得足夠力量，好不再害怕真理。個人苦難最大的源頭之一就是自我背叛——感覺或思考是一回事，但行為又是另一回事，讓心中清楚知道自己正在違背自己。許多人活在無止盡的自我背叛之中，這些或大或小的背叛包括繼續處在失能的婚姻中，覺得自己即使對最親近的人也不能公開說出自己的感受。光想到要說出真實的話語就讓人害怕，因為他們知道真實握有力量摧毀建立在謊言與幻覺上的一生。因此，靈性追尋者的課題就是要真正理解——真理（真實）能讓你自由。

我們會編造各種理由來避免說出真實：我不想傷害任何人；我不知道自己會發生什麼事；我就只想維繫家族和平。無論理由為何，結果都一樣；選擇自我背叛的生命，因為這感覺起來比較安全。我們說自己想要改變，但是等到真正面臨了改變，我們卻又抗拒，因為它感覺起來很嚇人。

然而，真實卻是帶來轉變的因素。一個力量強大的如實的句子，能夠也通常會轉移你生命的方向。想著「我在這裡不快樂」或「我愛上其他人了」，那麼你舊有的生命就結束了。我們背叛自己的方式之一，就是將更多的努力放在逃避真相，而非強化自己好聽從真實的指引。這非常不幸，因為我們每個人，無論是什麼原型，都具備與生俱來的渴望要讓自己自由，不再躲藏在欺騙或妥協背後以感受安全。我們以為財富和聲望終究會給我們力量來說出真相，不過它們最後卻帶來更沉重的負擔。有多少次，我們聽到失去一切的人說：「我終於自由了」？

除非你真實面對自己，否則你不可能活出一致的生命。若不然，你的心智會與你的情感永遠背道而馳。如果真實讓你感覺不舒服，你就無法仰賴自己去維持一致或信守承諾。學習與自己的內在真實和平共處，對身體、心智、靈魂的健康相當重要。靈性追尋者的課題就是——真實會讓你自由。

決定性恩典：謙遜

「謙遜」這個詞可能讓人反感，因為許多人都覺得它暗示一種無力、貧困、失敗的狀態。從這個觀點來看，謙虛的人不得不在所有重要事物上退讓，因為他們絲毫沒有半點力量。然而謙遜根本不是這樣。簡單地說，這個恩典是讓你不要因為自己的驕傲、貪婪、憤怒或傲慢而傷害自己或他人。謙遜像是防護罩：當辯論最激烈的時刻，它輕聲對你說著：「你確定自己想對這個人說這麼殘酷的話嗎？如果你說了，你也許贏了這片刻，卻永遠失去友誼。」謙遜恩典告訴你：走出房間，冷靜下來，別說自己會後悔的話，等到冷靜了再回到房間。

這項恩典拯救你免於災難的次數多到難以計數。儘管你或許當下覺得挫敗，但是之後，當你思考自己可能造成的傷害，你一定會相當感恩，慶幸自己聽從了看似憑空出現的聲音給你的提醒，降低自己憤怒或驕傲的音量。

多數人的問題在於，我們不去分辨謙遜的力量，以及擔心受到羞辱的恐懼。謙遜與羞辱之間的差別有如日與夜。真正的謙遜能讓你自由行走在世上，知道自己不會造成傷害。另一方面，害怕受到羞辱則是牢獄，控制你的每個思想與行動。許多人過完一生都從未感覺自由，不敢冒險或做大膽的選擇，全都是因為害怕丟臉。

保護自己不受羞辱，會耗盡你所有力量，扼殺那些能用來讓你成為更好的人或在世界做出偉大的事的能量，讓你甚至無法享受園藝或性愛等簡單的快樂。你或許完全受制於爬蟲類只求生存的大腦，聽它持續傳送出妄想症的念頭，毒害你與他人的關係。

謙遜讓你重新進入人群。你不再害怕受到羞辱，能夠領悟這個真理：所有人都共享同一個生命旅程。

內在陰影

靈性追尋者的黑暗面奠基於靈性的傲慢，認為自己因為過著靈性生活所以與眾不同。這個信念的副作用就是，讓你相信自己因為在靈性上與眾不同，所以不受一般人承受的生活苦痛所侵擾。我聽過那些受制於這個原型黑暗面的人說過：「我不敢相信自己會遇到這種事！我可都吃正確的食物、做靜坐和瑜伽耶！」那又如何？有機食物能保護你不出車禍或是拇指外翻嗎？

這種思維由來已久，源自古老的信念：致力於靈性的人不受到地球俗世法則的限制。當然，這絕對會導向失望，因為你會發現自己無論多麼小心，做了多少靜坐與祈禱，你還是和其他生物一樣會年老，而生命實相總向你衝撞而來，你的遭遇和其他人沒什麼不同。靈性修持的角色不是要讓你能超越生命自然的秩序，而是幫助你學會如何與之共舞。

男性面向

關於靈性追尋者的原型表現，男性與女性沒有本質上的差異。男性和女性同樣希望追尋意義與目的。性別與人對靈性生活的渴望無關。

儘管如此，當今社會靈性導向的人口還是以女性占多數。購買最多書籍、參與最多人類意識領域的研討會和演講的，都是女性（如果說哪裡男性多過女性，或許是禪宗的靜坐廳吧！禪宗的武士道傳統仍讓修持帶有男性氣概的氛圍，不過隨著禪宗適應於美國生活，這點也正在轉變）。但大體來說，如果兩性的靈性核心沒有本質差異，我們可以問：「這些靈性場合的男性都到哪裡去了？為什麼沒有更多的男性購買靈性與個人成長的書籍呢？」

答案就和邏輯本身一樣的合理。我們社會仍將靈性道路與犧牲及貧困聯想一起。所以當男性窺見任何靈性事物之窗——許多人口中說的「噢——噢」❶——他們會不敢進入，害怕自己的錢包從褲袋裡蒸發。當人們把利益與權力視作靈性道路上的詛咒，男性又怎麼會在華爾街銀行工作的同時，對追尋靈性的覺醒感到安全呢？

明白了這點，正確生活方式的原型模式——選擇與自我內在價值、且不傷害整個星球的工作——也還是會逐漸在世界上成形，讓男性與女性能夠看見自己事業有成並且靈性發展，而不是只能二選一。不過，主流對這種精神特質的接受還需要一段時間。直到整個社會不再切割身體與靈魂、心智與情感、理性與直覺，否則男性仍會將靈性視為女性領域，而把地球當成是他們自己的來統治。

男性能找到舒適區的一個領域就是瑜伽社群，不過這是因為西方將瑜伽視為身體運動而非靈性修持。美國練習瑜伽的數百萬男男女女中，只有少數有興趣把瑜伽當成與神聖建立關係的方式。

❶新興俚語，有關神祕、精神、非理性、擬科學或反科學的新時代信仰提說的所有事例，美國人常會用口語「woo-woo」一言以蔽之。

靈性追尋者的神話

靈性追尋者原型的神話是——靈性之道通往貧困與孤獨。正如我一再想向你保證的，這樣的想法乃是古老宗教觀的回聲；這個觀點將天堂與大地、身體與靈魂分開，經常說落在這世上的一切終將前往不快樂與毀滅。基督教的先驅相信，富人進天國比駱駝穿過針眼還難，因此貧困是最高美德，沒有折衷可言。

因此他們順理成章地相信，貧困等待著每個追求靈性生活的人。更有甚者，幾世紀來，貧困成為少數極富有之外的人的共同命運，所以將自己的苦難視為靈性旅程，讓英國政治哲學家湯瑪斯．霍布斯筆下人們「孤單、貧困、痛苦、野蠻、短暫」的日常生活有了意義與尊嚴。

然而，令人驚奇的是，幾世紀來的這些迷信與社會暗潮仍持續至今。有一批數量驚人的人就發覺自己很難為自己的服務索取恰當費用，因為他們從事的是被認為靈性的工作，例如靈性指引、按摩治療或教導靜坐。另外，他們的顧客也通常因為需要付費而卻步，因為他們認為靈性教導應該免費給與。「如果我是律師或總裁，沒有人會因為我要賺六位數的錢而感到卻步，」有位女士告訴我，「但是因為我提供靈性諮商，所以人們認為我索取的費用應該要是他們負擔得起的，而不是我必要掙得的。」即使工作與靈性修持無關的人，都覺得自己應為較少的薪資工作，因為這代表他們認真看待靈性修持，較不為世俗事務所惑。

將靈性與獨身、疏離、孤單聯想起來的，是另一個關於歷史根源的恐懼感。修院生活傳統上需要獨身，許多教派長年保持禁語（不說話）。即使對非修院人士來說，選擇靈性之道也可能讓你與密友、同事產生不合，因為他們覺得在「宗教色彩太濃」的人身邊很不舒服。一位朋友告訴我，她的禪修中心有位男士加入好幾年。他是一間大藥廠的資深副總裁，假期都會參加禪宗閉關。不過即使在公司已經二十五年，除了他的祕書，沒有人知道他假日都在做什麼。

不過，現在我們已經看見一個潛在的未來原型，代表一個同時具備靈性、感官、財務智慧的人。許多靈性追尋者與神祕主義者都不再嚮往修院生活，可是我們仍未能完全脫離貧困、獨身神話的原型聯想。然而，當代的靈性追尋者正往正確方向前進。具備這個原型的各位應該要活在這個世界裡，而不是過著靈性疏離的生活。

生活挑戰

現在應該已經很清楚了，靈性之道是朝向內在的旅程。你閱讀的每一本自我成長書籍、所參加的每一場研討會、進行的每次靜坐冥想，都會喚醒你的內在資源。尤其是你的直覺會變得相當活躍。直覺或直覺智能是一種精細的能力，能由你四周的能量場接收資訊，將之轉變為想法、感受、情緒、影像及「第六感」，傳達信息世界給我們。

靈性圈子裡對直覺有很大的誤解。要清楚一點，直覺不是預測未來或解讀心靈——它不是預測未來的技能，能夠告訴你別人在想什麼，或是保護你別做出錯誤投資。它單純是內建的指引系統，要保持你內在的平衡。直覺監測你的行為、健康與情緒反應，提醒你，如果受到某種力量拉扯時該如何回復平衡。與經常在腦海中湧現的混亂思潮不同，直覺是精細的內在聲音——有時就只是種感覺——傳達真理：「別吃，這對你不好」、「為那句話道歉，因為你傷害對方的感情」、「起來運動吧」、「你為什麼這麼說？並不是這樣的。」

由於直覺的聲音是真理的聲音，所以假如你不想聽見或感覺自己的直覺所傳達的真理，它也可能造成靈性原型的苦惱和壓力。我們可以找出無數的方式關閉直覺：暴食、毒品、酒精、吵鬧的音樂、忙碌工作、混亂、睡眠、沮喪等等。不過沒有任何事物能永遠讓直覺靜默，因為沒有事物能讓真理噤聲。

因此，靈性追尋者原型的挑戰是，喚醒自己的直覺智能。在你決定完全擁抱真理並依據真實行動的那一刻，你會覺得輕盈與自由，彷彿由自己營造出的地窖獲得釋放。既然靈性追尋者的宇宙課題是真理會讓你自由，那麼通往真理的道路就是你的直覺。

辨認你的原型：你是靈性追尋者或神祕主義者呢？

事實上，幾乎每個人都具備靈性追尋者與神祕主義者原型。人幾乎不可能活著而不好奇自己的生命目標為何，或者思考是否有更高的宇宙力量影響著自己的生命（即使無神論者都致力於否認這樣的力量存在）。然而，假使意義的問題主導著你的生命，你便可以確認自己主要原型是靈性家族成員之一。

但是你是哪一種呢？是靈性追尋者、神祕主義者、或是兩者的混合體？如果你是靈性追尋者，你便具備潛能可以走上神祕主義者的道路。不過你是否渴望能創造更深刻的生命？大多數人都還沒接近能達成真正神祕主義者的意識狀態，然而神祕主義者確實存在於我們之間。當他們讓我們的生命充滿恩典時，我們便能認出他們。或者你感覺自己融合了兩種原型，所走的是靈性追尋者／神祕主義者的道路。

查看下頁靈性追尋者與神祕主義者的行為模式與特徵表，看看自己是否出現在其中。

靈性追尋者

行為模式與特徵

- 你感到不滿足，希望從生命中獲得更多。
- 你渴望快樂與健康。
- 你尋找著新的生命方向。
- 你尋找著答案，想認識真實的自己。
- 你努力尋找生命的意義與目標。
- 你對物質界以外的其他層面感到興趣。
- 你經常閱讀靈性或哲學的相關書籍。
- 你會參加探討意識或靈性主題的工作坊或研討會。
- 你已經開始做某些類型的靈性修持，或者你正考慮要開始。

神祕主義者
行為模式與特徵

- 無懼於隨時聽到、說出並依據真理（真實）行事。
- 你正與靈性導師學習。
- 你重視你內在的生命更甚其他。
- 你認為靈性理解優先於安全感與物質考量。
- 你相信自己的直覺。
- 你能從物質世界中抽離。
- 你在靈性力量前感到謙卑。
- 你投入靈性進化之道。
- 你規律進行某種形式的祈禱、靜坐或瑜伽。

投入你的原型：運用靈性追尋者的力量

我們某些人正走在神祕主義者的道路上。某些只是渴望如此。不過，培養內在神祕主義者是一生的過程，不是具體的目標。內在轉變需要長期投入。所有神祕主義者都知道，沒有完成的一天，沒有最後的終點。

如果你是靈性追尋者，剛剛接觸靈性生活，那麼以下的建議可以幫助你起步：

- **由你所在的狀態開始**。有句格言般的說法：靈性之道由你所在的此刻、此時、此地開始。回答下列基本問題，你便可以開始自己的向內旅程：你是否認為自己是靈性追尋者？你希望從靈性之道上找到什麼？靈性生活對你是第一優先或只是嗜好？花點時間想想。可以用一整天甚至一整個星期。重點在於要誠實回答。深深觀照自己，真正去探索思考這些問題時升起的想法與感受。
- **願意改變**。沒有人喜歡改變，但我們總是在改變。想想靈性旅程會如何改變你。你此刻是誰？和去年的你有什麼不一樣？想想你正在做的選擇。它們是否服務了此刻的你？是否有哪些人、地方、工作、活動是你需要改變自己與他們的關係的——或者要完全割捨？在自我的進化中，你如何能在情緒上與物質上支持自己？

- **說真話**。你或許會對自己說：「我當然說的都是真的。」我們都會這麼說。不過靈性的真實不等同於因為昨晚的去處而向你的母親說謊。還有，通往更深真理的道路，是透過你每天日常的生命選擇。對他人說真話，是對自己真誠。你生來就知道真理。與真理連結，從傾聽自己內在的聲音開始。
- **謙虛**。謙遜恩典可以培養。首先，觀察自己如何因為害怕受到羞辱而受其控制。注意自己處在它的掌控之下，掃視房間、看看哪些人可能對你懷抱惡意的想法，誰可能會在你說冷笑話的時候在你背後推文取笑。如果沒人笑又怎麼樣？明天除了你自己，還有誰會記得？不要餵養自己的妄想。告訴自己這個真理：除了我以外，沒人盯著我看！
- **呼喚神聖的協助**。如果你從未嘗試祈禱，請試試看。不要只是求救，而要當成與神聖啟示的較高自我對話。現在不是請求男友或賓士房車的時候。你真正要做的是開啟通道，以獲得神聖指引。等到你掌握了祈禱，你會發現這比求救更讓你獲益良多。

當你準備離開尋找的階段並開始神祕主義式的生活，可以參考以下幾個要點：

- **提出大問題**。神祕主義的道路上沒有小問題，也沒有是與非的答案。花點時間思考以下問題：你真的想要獲得靈性上的進化嗎？你是否迫切需要發現自己的目標，不管其他？你是否願意放下自己當前的生活，好追求更深刻的事物？你是否準備好要成為更有意識的人，清楚覺知自己內在的光明與黑暗？你是否能夠全新投入自己的靈性進展？思考這些問題，將這當成持續的靈性修持，探索這為你開啟的事物。

- **進化版謙卑。**謙遜恩典永遠都不夠。謙遜讓我們感覺自己是人類社群的一部分。會中和驕傲的毒。如果你有持續的憤怒或心痛，請從這些記憶中走出，溫柔對待所有涉入其中的人，包括你自己。讓你能夠從第三者的角度看待自己的痛苦。
- **供養你的神祕主義。**神祕主義者不是靠樹皮與空氣生存。靈性修持是你的糧食。如果你沒有任何冥想方式，請找個與你共鳴的方法並且規律練習。如果你不適合靜靜坐著，可以用魯米的做法：移動。他是蘇菲派旋舞者，會一邊跳著旋轉的舞一邊吟唱。或者你可以跳舞、做瑜伽或練太極拳。重點是要培養凝聚的專注力。當你聚焦於一點，整個世界都會開啟。
- **放好你的靜坐毯。**神祕主義者也需要安靜的地方來反思。找出一個角落專為讀書、冥想或瑜伽之用。用墊子、椅子或毯子來裝飾。蠟燭或鮮花也很好。不要讓這成為「新時代」的紀念碑，在興趣過後只用來收集灰塵。經常使用，將你的能量投資在它身上。
- **活在世界裡。**現代的神祕主義者不會退隱到山頂上。所以，當你活在世界之中，你會如何呢？這便是神祕主義者的幸福：完全活在當下，完全接受所發生的一切——工作、遊戲、性生活、交通、噪音、寧靜、悲傷、喜悅等等。

靈性投入會帶來力量。自我發現會帶來實現全部潛能的能力。要找到自己獲得力量的方式，也要知道失去力量時該如何尋回。

在哪裡獲得力量

- **將自我反省當成優先工作。**
- **傾聽內在聲音**，讓它在每件事情上引導你。
- **說出真實**，因為只有你才能認出它。
- **將失敗當成機會**，讓你獲得靈性成長。
- **面對內在阻礙**，例如恐懼、憤怒、以及遠超過靈性真理的舒適渴望。
- **研究宇宙的神祕法則。**
- **記得，每個選擇、每個行動都有後果。**

在哪裡失去力量（及如何重新尋回力量）

- **相信追求靈性會讓你安全**。提醒自己：你就和每個人一樣，生命會有高潮與低潮。
- **背叛自己**。在你的心裡，要把自己的信念與價值觀當成最高原則。
- **活在混亂與分心之中**。清理自己的頭腦，整理居家與工作空間。
- **對自助書籍上癮**。將它們送給朋友，開始傾聽自己內在的指引。

- **誤以為靈性道路通往物質成功。**正確的道路，錯誤的旅程。靈性旅程通往內在。
- **害怕自己過著靈性生活會孤單。**開始這旅程，同一條路上的靈性益友將會出現。

靈性追尋者與神祕主義者自我查核清單

- □我認為靈性覺知是自己最優先考慮的事。
- □我行走在世界中，同時也能活出自己的靈性真理。
- □我非常注意自己所做的選擇。
- □我仰賴自己直覺的指引，而非剛好在讀的自助書籍。
- □我不會將靈性之道誤認為通向財富或聲望的道路。

結語

我們的世界需要靈性追尋者與神祕主義者。如果問何時最適合追尋靈性真理的道路，那一定是現在！要有勇氣獲得自我知識，並實現自己的命運。每個覺醒的人，都能啟發更多人。

第十二章 遠見者

Visionary

原型家族：遠見者。
其他表現：企業家、創新者、先驅者。
生命旅程：將未來帶到現在。
獨特挑戰：對一個新的遠見能以夠久的時間持續付諸，好看到它開花結果。
宇宙課題：相信自己的遠見，無論是大是小，並運用創意潛能來改變生命。
決定性恩典：勇氣。
內在陰影：誤用自己遠見的力量來想像最壞的結果。
男性面向：遠見者。
遠見者神話：靈視追尋；未來主義；德爾菲先知。
行為模式與特徵：遠見者會……

- 打破傳統的期望與規則。
- 行為表現帶來改變。
- 倚賴夢境帶來的指引。
- 凝視未來並看到可能的樣貌。

生活挑戰：為人類預見新的可能，並將未來帶到現在。

✣ ✣ ✣ ✣ ✣ ✣

生命旅程

吸引遠見者的就是投入未來，想像什麼是可能的、什麼即將來臨。遠見者之所以有這個名字，是因為他們有一種特殊能力，能感覺到持續在我們個體與整體生命中運作的兩股力量：可能性（possibilities）與可行性（probabilities）。遠見者會感覺社會每個領域中正在改變的衝勁——商業、財務、社會正義、醫學、科學、設計、時尚等。具備這個原型的你，會促成新觀念來形塑人類命運。美國正是由政治遠見者所建立的，他們相信人類靈魂不可分割的權利——生命、自由、追求快樂——因此創造了一個從未出現過的民主政府樣板（遠見者與高貴反抗者經常合作）。如同獨立宣言所表示的，他們相信這些權利乃是「造物主所賦予」，不可被否認與剝奪。

遠見者是改變的動力，如果你具備這個原型，你會提供創造更好世界的某些必要元素：啟發、動機以及對未來的希望，後者或許最為重要。遠見者原型感覺到傳統體制的局限，感覺自己受到既有規範與規則的限制，也覺得眾人皆知的做事方式讓人窒息。

遠見者有各種樣貌，有些促成全球性的改變——例如環保主義者瑞秋•卡森（Rachel Carson）用自己的傑作《寂靜的春天》（*Silent Spring*）來警示即將來臨的環境危機；有些則像有遠見的建築師富勒（Buckminster Fuller），幾十年前便預見人們需要節能的住屋，而這樣的需求啟發了他完成「測地線拱頂」的設計，為環保建築開啟一條道路。劍橋大學生物學家魯柏•薛德瑞（Rupert Sheldrake）將「型態共振」（morphic resonance）這項專業導入主流——這是源自他遠見的理解，發現生物會在自身周圍創造意識能量場。薛德瑞的理論支持了遠見者精神分析師榮格提出的人類共有集體潛意識概念。榮格為世界介紹了原型，指出它們乃是形塑人類生命的心理模式。

女性主義者偶像葛羅莉亞•斯坦能、以及《柯夢波丹》雜誌前主編，無疑都是啟發其他女性喚醒自我力量的遠見者。無論那樣的力量是極端、生理、性感的或企業的都沒有關係。她們的訊息是：我們有選擇。她們想像一個社會，其中女性能根據自己的創造能量來決定自己的生活方式，而非聽任生理作主。

新媒體遠見者如微軟的比爾•蓋茲和臉書的馬克•祖克伯格，對科技與社群媒體的貢獻都讓世界翻天覆地。歐普拉以自己對改變人類生活的遠見為中心，建立起一個媒體帝國。她在南非所創辦的女子學校，正是她活躍的遠見者精神範例之一。

金恩博士的遠見是一個沒有種族隔離的美國，四十五年後，美國人選出一位非裔美籍的總統。演員保羅紐．曼同時是遠見者與企業家：他給了我們社會企業的新典範，開辦公司製造並販售自家生產的沙拉醬與其他天然食物產品，最後將百分之百的獲利捐給慈善機構，包括為重病孩子所組的營隊。

這些人都沒想到自己的遠見會演變成改變世界的成功故事。創新不保證能成功。遠見與它的雙生兄弟——好的點子，都是力量種子，是宇宙所賜的禮物。遠見者必須播種、滋養，希望最終能有好收成。

儘管我們一般將遠見者原型聯想成前面提到的那些偉大人物，但迄今大多數具備這個原型的人都是一般人。我們關於未來樣貌和如何改變世界的遠見，或許永遠無法變成價值百億的企業或造成革命，但是關於新的可能的概念，無論多麼微不足道，仍都相當奇妙且有力量，因為它們代表了重新想像日常生活的創意方式。

在這個領域教學了這麼多年，我知道人經常會將形塑自我人格的力量視為理所當然，這些全基於他們的原型。尤其是遠見者，他們都輕忽自己最代表性的能力，認為「那沒什麼。我經常都有那樣的想法。」對遠見者而言，點子來得快又多，而他們也很能看見生命的潛在可能，甚至沒有理解到不是每個人都會這麼想。遠見者可能會對複雜的概念失去興趣，因為她很快會被另一個想法所吸引，無法給好點子足夠的照料好讓它展現自己完整的潛能。

或許這樣的描述讓你想到自己。或許你從未想過是什麼促成你成為你這樣的人。身為遠見者，你是自由靈魂的夢想家，不循傳統，自動自發，生命哲學就是無盡的可能。你的想像持續構思事物應有的樣貌，或者當正確時機出現時你該怎麼做。

當你沒有忙著構想偉大計畫時，你內在的遠見者是透過你的高度敏感性來表現自己。有時你太過於融入自己的環境，因此身處人群中感覺好像被丟進壓力鍋裡。儘管如此，你對直覺仍有足夠信任，哪怕你不見得都會聽從它的指引。我的意思是，儘管你高度仰賴自己的直覺本能當作整體的羅盤，但是你仍需要有意識地選擇根據直覺及所接收的指引來行動。這點適用於所有原型，因為直覺是所有人都有的能力，但是遠見者特別倚賴直覺，因為她幾乎完全倚靠這項能力來獲得具有創意的點子。

過著直覺整合的生活有時是個挑戰，特別是已知的我們所面對的實相，但遠見者持續努力在理性思維與直覺之間達成平衡。如果這是你的主要原型，那麼你必須記得，直覺自我需要滋養，需要規律地獨處。你比自己體認到的還需要更多時間反思，如此才能保持直覺與意識心智之間的管道暢通。這是遠見與好點子快速前進的捷徑，所以學習保持靜默與傾聽對你無比重要。

儘管沒有所謂典型的遠見者——擁有這個原型的各位有許多外在差異，就如同捷運車廂裡的各式人等——但是遠見者共有幾項特徵，讓你從生命初期就與未來建立內在連繫，並且形塑你的靈魂成為改變的使者。由於遠見者的生命旅程是要預見新的可能，因此遠見者通常在童年時就是局外人。很可能，你在青少年時就感覺自己無法融入。或許你以與眾不同的方式看待世界，無論當時你的世界有多麼小。儘管那很困難，也很孤單，但是這塑造你成為如今的遠見者。這種無法融入變成你成年以後的最佳資產。遠見者有獨特的視野，因此坦白說，融入會扭曲你的風格（這也不太可能發生。如果有人說自己是個遠見者，但又說自己是高中返校日舞會的皇后，那麼我會建議她找另一個更適合自己的原型。或許是女王原型吧）。

成年人的遠見者乃是由想像和點子所驅動。你總是根據其潛能來重新想像自己的環境，包括你的家、工作、或者整個「生命」。誠實地說：有多少次，你去想像全新的自己——看見自己過著不同的生活，活在不同的地方？或者你會重新考慮自己當下的環境，想像如果你根據自己心中的規劃重新裝飾，一切會有什麼不同的外貌與感覺？或者你預見一個獨特的商業點子。遠見者會在生活中看到無數的可能，等不及要讓它們成形。沒有這個原型的人可能會認為你猶豫不決、心思渙散，因為你總是重新油漆牆面、更動家具、改變自己穿衣風格、或是根據自己又新又美的室內裝潢重新染髮。或者人們會認為你在事業上不負責任，因為你總是找不到對的工作。遠見者向來都是想創造自己的職業，而不是走進現存的職業。

遠見者無法聽任任何事物處於某種現狀。他們有種無法抗拒的衝動要釋放自己遇到的每個人、每件事的潛力。遠見者會想：「嗯，我還能怎麼運用這張舊沙發或舊桌子呢？」幾秒鐘後，她便會預見將這舊沙發重新換上未來風的幾何皮套，桌子重新漆橙紅色。我記得曾聽過一位女士，她將一張破舊的桌子還有一組四張椅子載到朋友家，想說朋友會找到用途。那張桌子有著圓形玻璃桌面，底部則是沙漏形的鐵架，看起來像一束花。那個別具天分的遠見者朋友立刻看出這張桌子的潛能。她和一位年輕藝術系學生做了筆交易，告訴那位女孩說，如果她能用有創意的方式畫這張桌子，她便會贊助她去芝加哥藝術學院上課。那名年輕藝術家接受挑戰，也知道這位遠見者愛好園藝，便前往她的花園並記下裡頭花的所有顏色。接著她將每張椅子根據花的顏色上色，然後將桌腳以不同深度的綠色上色，彷彿讓桌腳成為一束花莖，支撐著花朵般的桌面。

等到她完成這件作品，她不僅為遠見者完成一件驚人的藝術品，也讓另一位女士——寫作關於仙子的動人童話的作家——在來訪時看到桌子並脫口而出：「這不是普通的藝術品。這是仙子桌，安放在完美的仙子花園內。我現在真的看見了。這可是我正在寫的這本書的某一段落最完美的形象。」一位女性的遠見啟發了一個又一個人。這正是遠見者想像的力量。

另外一種完全不同的遠見者就像我認識的一位女性，她非常會賣房地產，因為她能看出無人發現的產業潛能。剛開始她不是做房地產，但是當機會來臨讓她能學習都市規劃，她決定接受。不過，要在新的領域獲得學位，她需要財務支持，所以她決定兼差賣義大利麵。在她心中，她看見自己成為偉大的義大利麵廚師，而用這個專長來支付研究所學費也很合理。確實如此。許多人都想像不同的自己，可是遠見者會更進一步。他們能夠想像超乎平凡的自己。

今日的世界是遠見者的天堂，因為我們正活在新科技時代的起點，因此這也是新想像的時代。網路喚醒了無數個人遠見者之魂，包括創辦Google的賴瑞•佩吉與賽吉•布林，以及運用自己網路出版品哈芬頓郵報掌握部落格力量的阿麗安娜•哈芬頓。網路世界是巨大的溫室，培養數以千計的遠見者。

聞名於世與無人知曉的遠見者，兩者之間的差異在於，是否願意啟動自己的創造概念並堅持下去。莎拉・布雷基（Sara Blakely）創造了SPANX——讓所有女性（還有男性）看起來或感覺起來能走星光大道的塑身服裝——她可說是遠見者原型的典型代表。布雷基原先挨家挨戶兜售影印機，兼差當喜劇女演員；後來她有了一個自己真心相信的產品概念。她接觸的投資人沒有她的熱情，但是她仍堅持下去，最終她的決心有了回報。不到十年，布雷基建立起數十億產值的企業，成為富比世雜誌上最年輕的白手起家企業家。現在她鼓勵其他女性企業家遵循自己的遠見，她也透過自己的基金會協助她們努力向前。

不是所有的遠見都是有關創造產品或是外在事物的。你的某些最棒的點子或許是有關探索你身為人類的潛力。這些也是最棒、最刺激的遠見。身為遠見者，你或許會想像自己進行罕見、不尋常的探險，例如在澳洲灌木叢散步、在阿帕拉契山脈步道健行、或是在阿卡普可海灣玩滑翔翼。或者你發現自己想學習整體療癒技術。為其他人類（無論一個或是許多）的生活改善做出貢獻，正是遠見者原型的核心價值。遠見者在全球工作，許多人更是以匿名的方式要讓這個星球成為更好的居住地。我們從來不會知道大多數具備遠見者原型的人，儘管他們和你一樣都是改變世界的火車頭。

身為遠見者，你夜間的夢對你相當重要：它們引你探索未知——遠見者最大的誘惑。夢是點子的豐富泉源，因此，你會探索諸如清明夢等技巧，來幫助自己記住甚至形塑你的夢。

你多半的遠見與點子或許並不會讓世界天翻地覆，但是它們確實可能讓「你的」世界天翻地覆。所以，如果你覺得遠見者在你的血脈中流動，請立刻與你的原型為友。

獨特挑戰

遠見者獨特的挑戰是雙重的，源自於你對持續由心中流洩而出的想法的高度熱情，以及你經常會在好點子實現前將之放棄。身為遠見者，你本來便喜愛點子。你喜歡與點子共舞，分享點子，尋找方式讓點子成為遠見高飛，看看它們能否承受高度。找個晚上和友人在餐桌上分享關於一切事物的好點子——你接下來的生活要怎麼過，你要怎麼改變服飾風格，你如何創造或改革事業，你如何想像自己的財務未來，如何穿越生命危機——這類分享能提升你到很高的狀態，讓你感覺充滿活力。你喜歡這類交談，因此第一部分的遠見者挑戰就是，要意識到自己的傾向有可能太過著迷於編織遠見，讓你到最後只是說說而無法行動。

這時第二部分的獨特挑戰就出現了。在當下的刺激感消退的那一刻，你可以想出各種理由不要根據點子採取行動。遠見者總是能找到方式在點子上打洞，當成藉口去找下個更好的點子。遠見者天性便追求完美，可以透過分析而將一個點子處死，決定它永遠不可能像臉書、盤尼西林或iPad這樣徹底改變市場，所以堅持的意義到底何在？

投入任何能改變你這個人的點子，就是值得培養的遠見。底線就是，你需要花足夠的時間投入一個遠見，好讓它開花結果。

宇宙課題

遠見者的課題就是，要體驗自己創意遠見的力量，無論此遠見規模大小，並了解它在自己生命的更大畫面中的潛能。遠見者獲得讚譽不僅是因為他們對社會的貢獻，也因為他們冒險從事可能影響許多人生命的事。冒這樣的險是無法確定結果的。萬一失敗，遠見者得自己面對羞辱與挫折。但一旦成功，無數的人會湧到你的身邊，希望自己也能有分毫獻給你的掌聲。當然，在遠見者點子生效時給與讚美很容易，但到那個時候，構成真正遠見者的核心事物已經做到至善至美。遠見者的課題就是要相信遠見或點子本身，相信它的靈性泉源與創意潛能足以改變自己或他人的生命。遠見者之所以偉大，不只是因為他們的成就，而是因為他們勇於相信不可相信、不可能的事物，哪怕其他人都說這樣的遠見會失敗。

在個人層次，遠見者提醒我們，所有點子都有力量徹底改變一切。人們經常對我說，他們不知道怎麼過自己的生命或經營自己的事業或婚姻。然而，他們真正想說的其實是，他們不敢去想自己腦中湧現的諸多點子，因為如果這些點子成形，他們的生命將永遠改變。改變，無論於私於公，都令人相當恐懼。最終，我們之所以敬佩遠見者，正是因為他們不怕作夢、勇於追尋夢、並且靠改變維生。

決定性恩典：勇氣

作為世界的改變者，遠見者總是會有點子來徹底掃除舊有並帶來全新事物。理所當然的，勇氣或堅忍便成為遠見者原型的決定性恩典。要成為改變的使者，需要大量的勇氣，無論你要革新整個行業，或只是在個人生活中開闢新的道路。

想像生命的可能，無論大小，都代表你體認到舊有的方式不再有用。需要勇氣才能導入新的觀念，因為一定會有某種形式的阻力——改變本身就是如此。但即使是遠見者，也會認為可能的改變挑戰太大，假如她所預見的全新可能是關於自己的生命——關於她可以成為的樣貌，關於她若是持續探索未知所可能成就的事物。

對勇氣本質有所了解，能幫助遠見者運用此項恩典的力量。如果你具備遠見者原型，請務必記得這句格言：勇氣會在你最需要的時候出現。勇氣不是你在感覺良好的時候可以預先儲存，然後在恐懼來臨時提領的東西。勇氣恩典會在你需要的時刻湧現。你的工作就是——信任勇氣會陪伴著你。

勇氣恩典能幫助遠見者做出正確決定。我們全都想確實知道自己在生命中做出正確的決定，可是如何確認自己的選擇是正確的呢？遠見者接收到許多直覺指引。要確定自己是否做出正確選擇的最佳方式，就是信任直覺。在思慮某個選擇時，要真正注意自己的身體、注意自己的感覺。勇氣恩典會持續引導你根據良知做出正確的事。你不會誤認正確的事。生命真的沒那麼複雜，是我們讓生命如此複雜，因為我們會抵抗自己的直覺認知，只因那對我們造成不便。換句話說，錯誤的事讓你妥協自己的人格。你這麼做的時候，自己不總是很清楚嗎？

內在陰影

遠見者的內在陰影是誤用了自己的遠見力量去想像最壞的可能結果。舉個例子，我分享一個嚴重案例。許多人都聽過諾斯特羅達姆斯（Nostradamus），他是個遠見者醫師，在十六世紀發生瘟疫時治療病患，同時還寫下許多謎般的預言，更以四行詩的形式讓意義更加晦澀難解。因此，他對迫近的末日與黑暗的預言——包括瘟疫、洪水、戰爭與其他災難——幾世紀來都一再被重複詮釋，造成各種猜測性的結果卻無絲毫證據。近代的詮釋者在諾斯特羅達姆斯的預言中解讀了包括甘迺迪遇刺、挑戰者號爆炸甚至是九一一恐怖攻擊。如果要問黑暗遠見者的代表是誰，答案非諾斯特羅達姆斯莫屬，他那啟示錄般的預言指向全球性的毀滅而非人類的轉變。

近年來，世界末日成為電影、電視、電玩遊戲非常受歡迎的主題，而這些人類在未來世界自我毀滅的影像都直接來自遠見者原型的黑暗面。遠見者能測知未來諸多可能性，但可能性是機率問題，實現與否均有可能。將世界未來可能的樣貌轉變成可行性，取決於我們今日的行動以及我們對未來是否樂觀並抱持希望。換句話說，我們構思未來的方式，為未來打下了基礎。

在大改變的時代，例如此刻的現代，人們會對未來感到焦慮是很正常的。影片製作人及導演、攝影師、遊戲設計師都濫用這種在集體潛意識中運作的潛在恐懼。吸血鬼、殭屍與其他來自陰間、沒有靈魂的人物之所以受到歡迎，指出了今日的年輕人如何受黑暗的不朽所吸引。片商找到方式來實現浪漫主題內的恐怖——這也是首次這類主題大規模地出現。

不過，黑暗遠見者一直是文學、電影與生活中相當誘人的角色。瑪麗•雪萊的《科學怪人》就是經典例子。而黑暗遠見者無所不在。我經常提醒人別去找靈媒做個人判讀，因為你很容易落入他們的陷阱：那樣的靈媒會感覺你的恐懼，進而引誘你認為他有高超的心靈見解，能引導你走出困境。沒多久，你什麼問題都要去找他。同時，靈媒會灌輸你錯誤的資訊並耗盡你銀行裡的儲蓄。

然而，黑暗遠見者不只是住在外在世界。每個人的內在都有個黑暗遠見者會被啟動。當我們想像未來最壞的可能結果——健康檢查發現惡性腫瘤、被資遣、婚姻問題導致在爭吵中離婚——這就是黑暗遠見者運作的方式。這個原型的黑暗面運用失敗的想法來折磨遠見者，讓她很難表達自己真正希望實現的新點子。直覺遠見者運用其活潑的想像力，很容易落入黑暗遠見的循環，讓她最後無法分辨自己是真的感受到指引，或者一切只是自我恐懼的產物。要走出這個循環並不容易，因為矛盾地說，這也是安全的——讓你不去採行自己害怕的行動。

對遠見者而言，抵抗自己的陰暗面需要你培養覺知並觀察自己的想法，如此才能學習分辨真正的遠見和基於恐懼的影像。恐懼是惡霸，會俘虜你，除非你挺身對抗。你無法藉由空想或空話來打敗恐懼。勇敢的選擇才能消融你的恐懼，而一個勇敢的選擇，必定會導向下一個勇敢的選擇。

男性面向

儘管原型多半本質上不具性別差異，但原型行為模式可能受到個人性別所影響。在遠見者身上，某些差異可能相當驚人。

如同女性遠見者，男性遠見者非常敏感與直覺，對新觀念保持開放。不過在今日的市場上，這或許會讓他變得充滿野心與競爭力，想要比其他人先讓自己的點子被世界接受。冒險是所有遠見者的最愛，而多數會每件事都想試試。不過，儘管女性遠見者會因為考慮新點子而感到腎上腺素激增，而男性遠見者——尤其是具備運動者次要原型的——或許會想去玩高空跳傘、高空彈跳、特技飛行或任何讓自己真的頭下腳上、不停旋轉的運動。

遠見者喜歡有自己的伴侶——誰不喜歡呢？有這麼多刺激的點子拋來拋去——同時他們喜歡生活中感官的部分。不過，遠見者男性可能會覺得承諾充滿限制：對他而言，疆界和新觀念感覺起來似乎是相互衝突的力量。如果照顧其他人的需求挑戰了他創造新點子所需的時間與經歷，那麼新點子幾乎總是獲勝。男性遠見者經常有關係上的變動，或者依據自己的條件來建立關係。實用性並不是遠見者的長處或優先。不過，如果男性遠見者原型受到居家性原型（例如父親）的平衡，那麼他便成為賈伯斯所代表的典型。儘管賈伯斯從未娶他的人生伴侶，但他們育有孩子且經營著長期持續的關係。

由於遠見者不受既有規範所束縛，因此這類男性相當富有創新力，也能前瞻思考。幾年前，我認識一位男士，他在新英格蘭經營小型製造業。當他注意到自己的員工似乎承受過大壓力，便與幾位員工懇談。結果發現員工中有幾位剛離婚的單親媽媽在托兒問題上遇到困難。這位男士就想到個點子，開始設法在公司內安排托育服務，這在當時是全新甚至有點冒險的點子。不過，他仍決定嘗試，認為如果不行，至少他已經努力回應員工的需求。不用說，托嬰服務非常成功。事實上，它比起以往廣告競爭吸引了更多對公司的正面關注。這位遠見者老闆顯示出領導人若是願意冒險，那麼一家公司會變得怎樣。他啟發了其他的老闆，不僅是因為他對女性員工的支持，更因為托兒服務清楚顯示這樣一個模式：注意需求、想像新的可能、然後實現此一遠見。

多數遠見者的點子都是自發的，出自於需要解決某個處境或尋找問題的創意解答。我的朋友羅傑就是很厲害的遠見者，甚至可說是成就高超的怪異分子。他住在北蘇格蘭的泛洪（Findhorn）

生態社區，過去五十多年致力投入另類生活。這個社區的長程目標是創造有效利用能源的居所。泛洪社區剛好鄰近著名的威士忌產區（這裡著名的品牌包括格蘭菲迪和格蘭利威）。幾年前，羅傑知道幾個酒廠正在將傳統的儲存威士忌的橡木桶汰換成現在的鋁桶。他知道這些木桶大又堅固，所以他提議要幫他們處理幾個桶子並將桶子變成住所。幾個月內，羅傑想要住在威士忌木桶裡的遠見就實現了——確實香味四溢——而他真的實現了這個大膽的遠見。沒多久，其他人倣效了這種木桶住家，幾年內，羅傑所住的地區便被稱為木桶屋地區。

遠見者神話

比起其他原型，神話對遠見者的影響更為直接。象徵與圖像的語言正是遠見者內在世界的通用語。遠見者在許多傳統文化中一定如魚得水，因為在這類文化中，知識乃是透過神話、故事、夢、清醒所見的影像來傳遞。

靈視的冒險——在技能卓越的巫醫或特殊的嚮導帶領下，必定會帶來轉變——正符合遠見者靈性神話的範疇。在傳統社會，靈視冒險被當成成年禮，是一種能喚醒追尋者遠見感受的內在旅程。在這些傳統中，追尋內在真理與人格受到的重視無可比擬。靈視冒險會在遠見者的內在喚醒一種清楚的覺知，讓她知道真正的自己，因此從那一刻起，背叛真正自我便成為無法想像的事。

現今社會沒有能與這類經驗完全相同的事物，然而曾經進行這類冒險或類似啟蒙活動的人，會對自己的生命目標有全新理解。他們通常會因此而獲得與自己過去所做或想做的事相當不同的目標。

對遠見者原型而言，靈視冒險就是重生。在高度理性化的傳統社會中生活，遠見者或許會感覺疏離孤單，但經過此番冒險，她會喚醒並獲得更深的領悟，知道遠見——看見未來的可能並將這個可能帶進這個世界——才是自己真正的天職。經驗會帶來自我接受。突然間，清明夢與遠見、受到未知的吸引、想要導引出自己獨特遠見的渴望等等，都變得相當有道理。經由這類轉變經驗而擁抱自己原型的遠見者，會發現自己（或許是生平第一次）相當自在地擔任社會的領袖。

未來主義者（Futurists）用相當不同的方式表現遠見者神話。作家威爾斯（G. G. Wells）與維內（Jules Verne）開創了一種想像未來世界的文類，其中某些元素，包括威爾斯想像的自動門與基因改造作物，已經出現。喬治・歐威爾（George Orwell）無疑是有史以來最偉大的未來主義者，即使死後他的反烏托邦小說《一九八四》也持續影響著我們。書中的語句，例如「老大哥正在看著你」、「思想警察」、以及「在眾人皆欺瞞的時代，說實話就是革命作為」都已經成為日常用語，也給了社會的偏執勇氣。遠見未來主義者，像是創作《星際大戰》的喬治・魯卡斯以及拍攝《阿凡達》的導演詹姆斯・柯麥隆，都感覺自己需要訴說關於可能的新世界的故事。在他們的遠見中，善持續戰勝惡——這是人類的永恆故事，即使加上特效。史蒂芬・史匹柏也嘗試了未來主義主題，用他迷人的《E. T.》電影吸引了我們的注意，電影中更打破暴力外星人的刻板印象，讓我們看見不同星系間純真心靈的相逢。

女性遠見者的神話體現在下列人物，包括希臘女神雅典娜——男人寶座背後的力量，以及德爾菲女先知——她受到社會尊崇，是因為她能穿透帷幕、進入諸神世界並將祂們的訊息帶回人間。

生活挑戰

好的點子得付出代價。點子——或遠見——像活的生物。當莎拉•布雷基想像自己在創造SPANX，那不只是個隨便的念頭，像是「我們去吃午餐吧」。她的遠見是個充滿活力的觀念下載，完全花上她所有的時間。她願意以它為中心建構自己的生命，好讓它能成真。

不過，即使遠見者也可能滔滔不絕地扼殺自己的遠見，耗盡遠見的能量就如同將氣球的氣給放光一樣。只是，要讓遠見能夠開花結果，你不能只是說，還要行動。無論遠見是大是小，你必須致力於做所有該做的事，好讓遠見能夠成形。讓遠見成形是件冒險的事。怎麼不是呢？你要讓從未出現過的事物出現！需要成功保證才願意行動的人不能理解遠見者，因為遠見者會願意花光儲蓄、加大信用額度、拿房屋再抵押、賣掉自己的車——換句話說，他願意投注自己所有的資源，放在即將大放光明的點子上。

所以，如果你有個遠見希望能表達，要問自己的問題就是：「我是否願意因為這個點子而重新安排自己的生命？」無論它需要你如何調整自己的生活方式，無論你的財務或生活處境會有什麼改變，你是否做得出如此的冒險？這是否會讓你害怕，當你突然間獲得「真的很棒的點子」？許多人願意不惜一切來獲得百萬美金的點子，但如果點子真的來到，你真的願意付出一切嗎？這不是多數原型會遭遇到的問題，然而對遠見者而言，這樣的問題相當真實，只要他們想讓點子在社會實現。

即使你的遠見不需要你貸款或找一群投資者，它仍需要你投資時間與情感。你是否願意想像更好的未來——無論是你自己、少數人、或整體人類的未來——然後對你的生命做出必須的改變，好讓自己的遠見成形？這就是遠見者的生活挑戰。

辨認自己的原型：你是遠見者嗎？

如果你認為遠見者只符合那些在世界上造成極端或充滿影響力改變的人，那麼你可能很難將自己看成遠見者。不過聚焦於內在的遠見同樣符合遠見者的描述，無論是追尋自己的夢、信任直覺而不僅是理解力、或者以可見的方式讓改變自己生命的新點子有機會成形。遠見可能是想像自己的工作或家庭處境有所改變。劇烈的改變——例如移居到新的國家好讓家人吸收不同的文化，或者離開大企業的工作自行創業——都可能非常冒險，除非你先有堅定的遠見，直到如何實現。

不過遠見者還有自由靈魂、不循傳統的一面。你喜愛奇特的點子與非傳統的做法。或許你嘗試過不同的靈性修持與提升意識的技能，而你也著迷於尖端的大腦科學所發現的人類潛能。對你而言，唯一的疆界是天空。你堅定相信如果你能夢想，你便能達成。

通常我們可以由一個人所交的朋友來判斷遠見者的存在。遠見者不太愛交際，但是身為遠見者的你卻喜歡與其他遠見者作伴。讓你最自在的就是身處其他富想像力、有開創性的點子、對生命有原創看法的人群之間。吸引你——甚至讓你有點敬畏的——就是其他知名的古往今來的遠見者。童年時，你心目中的英雄或許是歷史上的遠見者，如美國開國元勳傑佛遜與富蘭克林、發明家萊特兄弟或貝爾、冒險家遠見者如林白與易爾哈、靈性革命家如耶穌與佛陀、或者政治激進人士如甘地與聖女貞德。如果想想這些遠見者，他們有些什麼你希望自己擁有的特質呢？你是否能在自己身上看見這類特質？

或許你是深受挫折或感到害怕的遠見者：你作夢但不敢行動。你經常受到啟發但很快便失去熱情。你強迫自己走安全的道路，但你不快樂也不感充實；你覺得不安且不滿足。或者你發現自己一旦敢於依據夢想而行動，便不由自主想像最慘的情境——貧困、失敗、讓自己或他人失望。遠見者必須讓自己不受制於負面投射。許多最有創意、最成功的創新者，都嘗試過一長串最後不成功的事物。你是否真心以為科學家或發明家第一次嘗試便能找到解答？遠見者工業設計師詹姆斯・戴森（James Dyson）不知道測試過多少原型機種，最後才找到他革命性無集塵袋吸塵器的設計。遠見者將失敗當成勇氣動章。它代表你敢於嘗試自己的遠見是否能夠翱翔。

還不確定自己是不是遠見者嗎？看看以下遠見者的行為模式與特徵，想想自己是否心有戚戚焉。如果你覺得遠見者的描述符合自己，接著就前往下一部分，去發現如何完全擁抱自己的遠見者原型。

遠見者
行為模式與特徵

- 你總是持續有新的點子，總在想「如果……會怎麼樣？」
- 你不怕冒險。
- 你帶來改變。
- 你在外在世界發生轉變前便有感應。
- 你想方設法要脫離傳統的期許與規則。
- 你總像個局外人。
- 你不以傳統方式看待生命。
- 人們說你是「離經叛道」或「自由靈魂」。
- 你仰賴自己夢中的指引。
- 你看見問題便會立刻思索可能解答。
- 你會給自己獨處的時間來思考與作夢。
- 你看向未來，了解另類的可能，而不是耽溺於過去發生過的種種。
- 你盡可能避開人群；感官超載會阻礙你的直覺。

投入你的原型：運用遠見者的力量

身為遠見者是不小的責任。這不是讓你能解讀他人心靈或看到未來，好讓自己能在己身安全與幸福上有所優勢。這是要你掌握事物的宏觀面貌，好讓你導引出正向的改變。

和其他原型一樣，遠見者不是你要去「變成」的：這是你的本質。你不需要通過考試才符合資格。投入遠見者原型，代表你完全發揮自己與生俱來的力量。這需要你學習信任自己的直覺以及來自深層自我的智慧。儘管獲得遠見沒有課程可以上，但是仍然有些方式讓你能夠運用這個原型的力量並開啟智慧之眼。

● **進行靈視冒險**。在原住民社群，投入自己遠見者原型的方式之一就是——在巫醫或靈性嚮導監督下進行靈視冒險。某些愛冒險的遠見者或許想要依循傳統法門。現代，有些受過美洲原住民與其他原住民法門訓練的導師，他們能引導個人或團體進行覺醒旅程。如果你沒有時間或不願意在沙漠裡花整個週末或一個星期重新尋回自己的力量動物與靈性指引，你還是可以進行某種內在旅程，來與內在之眼——影像與點子的泉源——連結。做法就是，你需要獨處一段時間，遠離世俗的干擾，待在家中寧靜的角落或者是自然環境中（樹林與無人的沙灘最適合）。重點在於，關閉意識心智無止盡的噪音，讓智慧由更深的泉源湧現。

● **敢於冒險**。假如你非常怕高，沒有人可以強迫你跳出飛機或去玩拖曳傘。但是你可以找到辦法運用自己遠見者喜愛冒險的天性，哪怕只是學習語言或報名完全不熟悉的課程，參加這一類的心靈冒險。要有意讓自己離開舒適圈。不帶GPS在城市漫遊。獨自旅行到陌生的地方，一個你誰都不認識、也不會說當地語言的國度。如果你熱愛城市生活，可以試著露營。如果你只愛陸地，請試試海上生活。

● **頭下腳上**。運動確實能改變你的大腦，進而改變你的想法和心情。如果你真的想放鬆自己的思維並改變自己的視角，試試瑜伽倒立、高空鞦韆，或者嘗試高空彈跳。

● **與不同的人群相處**。這對遠見者應該相當容易：你天性喜歡啟發性的交談，喜歡與背景不同的人相處。時時讓自己處在以不同眼光看待事物的位置。花時間陪小孩，傾聽他們想說什麼。孩子天生就是獨特的思想家，可以讓你的遠見者大腦找到新的方向。

● **散步**。許多科學家與發明家都是在散步時做出最偉大的發現。讓心靈與雙腳漫無目的的閒逛，似乎會促成腦力激盪。悠閒地散步，沒有特定目的地。另外試試在屋頂進行一對一的會議，看看這是否比起不通風的辦公室更能激發多一點的新鮮點子。

● **記得自己的夢**。夢——白日夢或夜間的夢——是遠見者珍貴的資產，充滿點子與想像，帶有高度的轉變力量。記下所作的夢，並且努力記住自己的夢。清明夢讓你能控制夢的走向與內容，好讓你完全運用深層自我與集體潛意識的指引。

身為遠見者原型，你會直覺地接收許多資訊，讓你想要注意自己所處的環境。感官超載，尤其是過多噪音，會讓你無法聽見自己的內在指引。要注意你自己的感受。注意什麼給你力量，什麼消耗你的力量。

在哪裡獲得力量

- **用獨處的時間作夢並創造。**
- **對未來保持樂觀。**
- **培養勇氣來根據點子行動。**
- **分享你的點子，**特別是你相信能幫你付諸行動的人。
- **練習某種冥想，**好清理直覺管道。
- **給創意自由發揮。**
- **對新點子保持開放。**
- **與其他充滿想像力的遠見人士作伴。**
- **坦白誠實。**

在哪裡失去力量（及如何重新尋回力量）：

- **接受他人質疑**。不要理會否定你的人——他們或許只是嫉妒。遵循好點子並且看看它能走多遠。
- **沉溺於過去**。未來才是你天生的家。
- **忽略直覺**。在決定之前，暫停並向內在確認。
- **臣服於恐懼**。專注在順利進行的事情上，而不是在可能出錯的地方。
- **抗拒改變**。你要帶來改變，所以深呼吸，然後投入吧！
- **追逐點子卻不去行動**。向一個點子（隨便哪個）許下承諾。如果不成，就當作練習。
- **嘗試想要融入**。不要試著屈從既有的角色或工作。創造新的角色或工作，以便發揮最多點子與天分。

遠見者自我查核清單

□ 我會注意夢境與影像中的訊息。
□ 我總是對新的人、可能性與點子保持開放的心。

□我不追隨潮流。我專注於創新與創造。
□我會想著有創意的方式來解決我所看到的問題。
□我會看著未來並且說「要是……會怎麼樣？」我不會沉溺於過去。

結語

你有能力讓世界不一樣，帶來正向的改變。無論你是在想像全新的自己，或是幫助別人想像新的生命，你會直覺地得到創新的點子與解決方案。千萬別懷疑你那不可壓抑的天性。追尋自己的夢想！

成癮者（Addict）：

在我們的社會裡，成癮者原型影響每個人。除了毒品、酒精、食物、性之外，我們還可能對一切事物成癮，包括工作、運動、電視、電腦遊戲、靈性修持、負面態度或讓腎上腺素增高的高風險活動；除此之外，還有力量、權威、控制慾、地位、聲望與財富。承認自己受到某種模式或物質上癮，然後努力打破它對自己的掌控，這會為你帶來力量。成癮的黑暗面就是意志力與缺乏自制之間的掙扎。非常知識型的人或非常情緒化的人，與這個原型關係相當密切，因為他們十分善於讓成癮合理化。某些成癮行為——例如購物——看來不像「癮」，因為它們帶來許多樂趣。不過，任何事情只要過度都可能傷害我們。例如，強迫性購物者可能會負債累累。去問問那些因為必須擁有最新風格而過度花費的時尚者吧！

煉金術士（Alchemist）：

歷史上來說，煉金術士代表希望將賤金屬變成貴金屬的無益舉動。不過這個原型的最高表現是追尋靈性轉變。最能認同煉金術士的就是那些希望透過與神祕學派或研究宇宙律法有關的法門來達成靈性成長的人。煉金術士的黑暗面是誤用力量與密教知識。希望轉變自己生命的人，相當容易受到來自魔法與巫術黑暗面的誘惑與詭計所影響。

兒童（Child）：

兒童原型包括許多次原型，例如孤兒、受傷孩童、無辜者、自然孩童、看不見的孩童、愛玩的孩童、繼子、神聖孩童和永恆孩童。我們的心靈全都有孩童的層面，因為我們全都當過孩子。如果你的童年很痛苦，這個原型的單一層面可能主導，甚至排除自然孩童與愛玩的孩童，後者代表最純潔、最天真的青春。缺乏這些次原型通常顯現為無法體驗快樂與趣味。如果你習慣性受到壓力，培養愛玩的孩童或魔法孩子（神奇的孩童）能幫助你的心更輕盈、更自發。

少女（Damsel）：

危難中的少女是種古老的原型，經常在流行文學與電影中出現。少女美麗但脆弱，需要騎士拯救——騎士會以華麗的方式照顧她。不過，失去這類拯救，她就不得不透過增強力量的過程來獲得覺醒，並且學習照顧自己。少女原型的黑暗面是受制於古老的父權觀點，以為女性很脆弱、無助、必須受到保護。因此，少女的挑戰就是發現自己的力量，照顧好自己，而非等待男人來幫她。

摧毀者（Destroyer）：

死亡與再生構成生命的循環；系統與結構必須摧毀或消解，新的生命才能出現。摧毀者敦促我們釋放傷害我們的事物。不過這個原型亦包含其反面，即重建者，代表解脫和療癒的力量。對黑暗的摧毀者而言，破壞本身即是目的，這是侵蝕腐化的力量，對運用者具有相當毒性。

賭徒（Gambler）：

賭徒是與機會玩遊戲的人，喜歡冒險。這個原型的表現並不局限於玩牌、賭馬、嗜賭如命的人：炒股票、企業家、甚至不由自主要買樂透的人都算在內。就能量來說，賭博是仔細計算的冒險，對抗不確定的未來。正面看來，賭徒代表信任直覺的力量，無視他人的質疑。賭徒基於本能行動，回應當下的指引。許多非常成功的企業家都認為自己其實是賭徒，因為他們從事冒險的財務投資，是保守投資者絕不會考慮的。從陰暗面來看，這個原型顯現為缺乏對衝動的控制，以及即使在重大損失面前仍持續冒險。

女神／女主角（Goddess／Heroine）：

女神崇拜是最古老的靈性傳統之一，可追溯回三萬年前。女神原型與她的當代代表——女主角——體現了智慧、引導、感官感受、身體優雅與運動精神。女神的黑暗面是濫用女性力量，如同某些電影明星與時尚模特兒所做的那樣。

醫者（Healer）：

醫者伴隨照顧者，生命是為了透過修復身體、心理、靈魂等方式來服務他人。這個原型透過許多方式表現，其中許多超出傳統療癒技術或疾病治療之外。醫者可能出現在任何職業或生命角色中，目標就是協助他人轉化自己的生理或情緒的痛苦，或變得完整。醫者的基本特徵包括——能夠導引必須的能量來促成生理或情緒的改變。

享樂主義者（Hedonist）：

這個原型極端愛好生命的感官快樂，包括食物、美酒、性，但也喜愛藝術、音樂、詩歌、以及所有社會所提供的精緻事物。關於享樂主義者的刻板看法認為他們極端自我耽溺，但這比較是延續了道德宗教嚴謹之人的意思，而非對此原型準確的描述。正面來看，享樂主義者代表擁抱生命最佳事物的創造能量，並抵抗失去對性本能控制的原型恐懼。享樂主義者的陰暗面是毫不保留地追求快樂，不考慮其他人或自己的幸福。

判官（Judge）：

不一定要在司法系統工作才認同於這個原型。如果你天性善於協調並解決人與人之間的問題，那麼你的內在便活躍著這個原型。判官會啟發我們過著堪稱模範的生活，顯現我們的智慧和與人應對的性情。這個原型與所羅門的智慧有關，也就是聖經中彰顯正義最核心的執行方式的故事。面對兩個女人——全都宣稱自己是嬰兒的母親，所羅門王下令將這個嬰兒切成兩份，兩個女人各得一份。其中一位女人說：「好啊，切吧！」另一位女人則說她寧願放棄也不願看那嬰兒被殺死。所羅門王判定後者才是嬰兒真正的母親。從那時起，智慧與正義便無法分開。正面來看，這個原型會在評估問題方面培養出高度精練的明辨與洞見。陰影判官則是嚴苛的批評家，不帶慈悲或以個人目的地提出批判。有時這個原型被連結到在生活中遭遇錯誤的批判，而這樣的經驗喚醒了寬恕的需要。

愛人（Lover）：

愛人這個原型不僅表現在浪漫的關係中，也顯現在生命中任何強大的熱情之上。你作為愛人的對象可以是藝術、自然、烹飪或波斯地毯——任何東西都行。辨認出這個原型的是一種全然的虔誠——對某人或某事有不受限制的情感，而這也成為愛人生活的主要原則。身體的外貌對這個原型的自我價值感非常重要。愛人的黑暗面是一種誇大而且執迷的熱情，會損傷人的自我價值感與身體或心理的幸福。

仲裁者（Mediator）：

這個原型的美德就是紓緩彼此戰鬥的團體或個人間的關係。仲裁者的特徵是耐心以及能夠用雷射般的精準聚焦來解讀人與情境。和倡導者（其強項在於能同情自己所幫助的人）不同的是，好的仲裁者理解衝突雙方的議題，並且努力讓大家團結起來解決。黑暗仲裁者有自己的動機或隱藏的目的，為了個人利益而替雙方工作。

母親（Mother）：

母親是另一個基本的原型，是照顧者家族的成員之一。她給與生命，是滋養、照顧與無條件的愛的源頭。這個原型守護照顧家庭，並以自然之母原型的身分保護大地與所有生命。如果你全心投入有關環境保護的工作，這個原型或許就代表你。當你象徵性地留下風暴與摧毀而離開，那麼你表現的則是憤怒的母親。你不需要成為生育小孩的母親才能帶有這個原型。母親原型或許能創造書籍或點子，或者以老師、廚師或餐廳老闆的身分滋養其他人。這個原型的黑暗面表現在虐待或拋家棄子的母親。

網路工作者（Networker）：

儘管網路與媒體時代密不可分，但這個原型其實古已有之。網路工作者能夠創造聯盟，連結分離的團體，這樣的能力正是人類老祖先必要的生存技能，讓他們能成群打獵並分享最佳獵場的資訊。這個原型與社交彈性及同情心有關，讓你能與各種人找到共通之處。與信差（Messenger）和溝通者（Communicator）這些相關原型一樣，網路工作者透過資訊和啟發來連結人。黑暗網路工作者只顧自己，利用他人獲取自己的個人益處，不提供任何回報。

修女（Nun）：

這個原型的特徵是靈性虔誠、奉獻、堅持、社會轉變、教育和智慧。從黑暗面來看，具備深刻靈性虔誠的生活可能（也通常會）導致黑暗的疏離與孤寂。今日，修女原型表現在兩個方面。傳統的修女，指的是進入修院的女性，發誓要貧窮、守貞、服從。這個原型還有另一個當代表現，指的是非常需要內在靈性生活但同時希望能活躍參與世界的女性。她們想要婚姻、孩子和活躍的事業。對這些女性而言，修女原型表現為非常熱愛靈性親密與祈禱，這樣的需求無法被傳統宗教滿足，也不需要由世俗生活中抽離。今日的修女原型提供的是靈性修持的模範，而不是疏離的生活方式。

娼妓（Prostitute）：

娼妓原型讓我們學習人身完善，思考以身體、靈魂或身分交易安全感或金錢的議題。賣淫指的是出賣天分、想法或其他自我表現，帶有出賣或妥協誠實正直的意涵。我們總會面對這個原型的挑戰：娼妓是世間共有的原型，代表生命的一種挑戰。啟動這個原型的是環繞誘惑與控制的意識與無意識感受，問題是，我們怎麼會捨得出賣自己的力量或購買他人力量的控制權。為了不受到這個原型摧毀，我們需要與它交朋友，同時看清它給我們的選擇。

破壞者（Saboteur）：

破壞者原型包含所有恐懼與自我價值感低落的問題，後者讓我們做出犧牲自己力量與成功的決定。忽略那個破壞者，你將會落入其黑暗面、自我破壞的行為。通常我們會破壞機會，因為自己尚未準備好成長或改變——還沒準備好要做出轉變，因為轉變需要我們離開熟悉但會讓自己失去力量的關係或生命情境。我們或許會將自己的破壞行為投射到別人身上，藉此避免為自己想要繼續失去力量的選擇負起責任。如同犧牲者與娼妓原型一樣，你需要面對這個力量強大的原型，讓它成為你的盟友。學習傾聽破壞者，注意它的警告，如此才能避免傷害自己或他人的行為。

奴隸（Slave）：

這個原型代表完全缺乏力量。奴隸沒有自我權威，沒有選擇的能力。在現代的脈絡下，你或許會感覺像是「心理上的奴隸」，假如你讓自己的意志屈服於具有財務權威的人，那或許是個人、階級性的組織例如企業或軍隊。對非裔美國人來說，這個原型很直接，其他人無法共享。不過，如果思考這個原型表現的多種樣貌，你或許不會驟下斷語，以為那和你的生活沒有關係。我們全都算是某種體制下的奴隸，不管形式為何。不過，奴隸徹底的無力感正好也是這個原型的力量——個人轉變的潛能。

說故事的人（Storyteller）：
說故事的人或吟遊詩人原型，傳唱我們的智慧和愚昧。人類到哪裡都有故事，訴說自己所在何處、從何而來。說故事的人描繪著我們的成功與失敗，事實或虛構，以生動的色彩妝點事實讓它不那麼乏味。對說故事的人而言，愛不是愛，而是熱情；個人的力量能搬山填海。如果你具備這個原型，說故事是你看待世界的方式，也是你溝通經驗的管道。另一方面，黑暗說故事的人則誇大甚至說謊。由於你充滿想像力，善於使用語言，因此你會受到誘惑，編織資訊好為自己謀取利益，或是用動人故事來隱藏自己不想揭露的事。這個原型的挑戰就是——不用自己的天賦來誤導他人。

教師（Teacher）：
教師傳播知識、經驗、技能與智慧。這個原型包含各種指導，可以顯現為雙親的指引、教導、或塑造慷慨與仁慈等價值。黑暗教師善於操縱，為了地位或認同利用或濫用教導關係。更糟糕的是黑暗導師（shadow Mentor），他們傳播負面資訊、教導摧毀性甚至非法的技能，像是偷竊或在工作上偷工減料。

犧牲者（Victim）：

犧牲者的負面特徵很明顯，但辨認他們會提醒我們自己何時因為被動或不恰當的行為而落入成為犧牲者的危險。犧牲者原型包含了給與我們「街頭智慧」的基本生存本能，以及辨認自己何時曾經或即將使他人成為犧牲者的能力。這個原型的黑暗面就是扮演犧牲者以博得同情。我們內在的犧牲者從未完全被征服，因為生命持續創造情境讓我們有能力犧牲他人或成為犧牲者。

戰士（Warrior）：

戰士原型代表身體與情感力量，以及保護自己、為己身權益奮戰的能力。獲得力量的戰士會運用「心靈的武器」，除非別無選擇，絕不會傷害自己的對手。不過，黑暗戰士會不計代價追求勝利，拋下任何道德考量，或者為個人利益而掀起戰爭。戰士原型同樣存在於女性和男性的心靈中。戰士原型女性或許會因為身體的力量（力氣）而用不同的方式戰鬥，但如果說到十足的生存與保護本能，女性和男性戰士並無不同。

致謝

若不是克莉絲汀娜•卡莉諾，我親愛的好友，我絕不可能完成這本書，更別提認識許多奇妙的人，並且組成 Archetypes, Inc. 這個大家庭。克莉絲汀娜，我要向你獻上感恩與愛。我認為，生命中有你是最大的幸福。Patty Gift，我的編輯，我要向你獻上無盡的感謝與情感，謝謝你持續地支持、幽默與無限的恩典。我要向賀氏書屋（Hay House Publishing）表達真誠的愛，謝謝你對我生命旅程如此信任。對於 David Smith，我多年來的事業夥伴，我要表達感謝與感激，謝謝你在初期就完美地協調各項活動，讓這本書能夠出現。

生命中難得的禮物之一就是能遇見這樣的人，同時具備可愛的特質與專業技能，能完美消除你的壓力並對你的創意努力做出貢獻。對我而言，這個人就是 Margot Schupf——書籍出版——Archetypes, Inc. 的副總裁。Margot，我深深地感謝你，要向你獻上最高敬意。沒有你，這本書便無法完成。

寫作一本書是相當充實的經驗，特別是如果截稿期限很短的話，就像這本書。所以我要向一群親愛的朋友與真誠的家人表達我充滿愛與感恩的心；他們知道過去幾個月充滿什麼樣的挑戰，有時也挺身幫我減輕負擔。小事情確實很重要，例如主動邀約上餐館，去看其實不想看的電影；或是有朋自遠方來，因為我連續寫作了三天，而他知道我獨處太久需要一點改變（他稱之為「強迫的非法入侵」——好玩吧）！你不知道我多感謝你知道我需要離開電腦一段時間，需要開懷大笑。所以，我要充滿愛來感謝 Tom Lavin、Ellen 與 John Gunter、Bronwyn Boyle、Andrew Harvey、Meryl Martin 以及 Mary Neville。我要向 Andy 與 Pam Kruzel、Mitch 與 Marilyn Kaminski 表達特別的愛與感謝。

一如以往，最後，我要感謝我的母親與弟弟 Ed。你們是我的人間天使。

關於作者

凱若琳・密思（Caroline Myss）鑽研能量醫學與人類意識領域超過二十年。自從一九八二年起，她便從事直覺治療師的工作，協助個人評估能量系統的健康狀況。她專長協助人理解造成自己生病的情緒、心理與生理因素。她的紐約時報暢銷書包括《靈性解剖學》（*Anatomy of the Spirit*）、《點燃療癒之火》（生命潛能出版）、《神聖契約》（*Sacred Contracts*）、《進入城堡》（*Entering the Castle*）等。

每週都可以在HayHouseRadio.com® 收聽凱若琳的節目。或參訪她的網站：www.myss.com

ArchetypeMe.com：發現真正的自己

ArchetypeMe.com 是多媒體生活公司，以特殊的方式結合個人與身分認同，能夠激發並轉變你生命的各個層面。我們會幫助你理解自我的驅動力，以更好的方式表現自己，更有效地檢視你的周遭環境，並且以全新的方式與他人連結。

請上 www.ArchetypeMe.com 進行線上測驗，找出自己的原型，並且創造一個適合自己的生活。

生命潛能出版圖書目錄

心靈成長系列		作者	譯者	定價
ST0111	如何激發自我潛能	山口　彰	鄭清清	170
ST0144	珍愛	碧提	黃春華	190
ST0149	揮別傷痛	布萊克	喬安	150
ST0159	扭轉心靈危機	克里斯・克藍克	許梅芳	320
ST0161	與慈悲的宇宙連結	拉姆・達斯＆保羅・高曼	許桂綿	250
ST0165	重塑心靈	許宜銘		250
ST0166	聆聽心靈樂音	馬修	李芸玫	220
ST0167	敞開心靈暗房	提恩・戴唐	陳世玲／吳夢峰	280
ST0168	無為，很好	史提芬・哈里森	于而彥	150
ST0172	量身訂做潛能體操	蓋兒・克絲＆席拉・丹娜	黃志光	220
ST0173	你當然可以生氣	蓋莉・羅塞里尼＆馬克・瓦登	謝青峰	200
ST0176	心靈舞台	薇薇安・金	陳逸群	280
ST0177	把神祕喝個夠	王靜蓉		250
ST0179	最高意志的修煉	陶利・柏肯	江孟蓉	220
ST0180	靈魂調色盤	凱西・馬奇歐迪	陳麗芳	320
ST0184	治療師的懺悔——頂尖治療師的失誤個案經驗分享	傑弗瑞・柯特勒＆瓊恩・卡森	胡茉玲	280
ST0186	瑜伽上師最後的十堂課	艾莉絲・克麗斯坦森	林惠瑟	250
ST0195	擁舞生命潛能（新版）	許宜銘		220
ST0199	和內在的自己玩遊戲	潔娜・黛安	黃春華	200
ST01100	和內在的自己作朋友	潔娜・黛安	黃春華	200
ST01101	個人覺醒的力量——增強心靈感知與能量運作的能力	珊娜雅・羅曼	羅孝英	270
ST01102	召喚天使——邀請天使能量共創幸福奇蹟	朵琳・芙秋博士	王愉淑	280
ST01103	克里昂靈性寓言故事——以高層心靈的視界，突破此生的課題與業力	李・卡羅	邱俊銘	250
ST01104	新世紀揚昇之光——開啟高次元宇宙奧祕與揚昇之鑰	黛安娜・庫柏	鄭婷玫	300
ST01105	預知生命大蛻變——由恐懼走向愛的聖魂進化旅程	弗瑞德・思特靈	邱俊銘	320
ST01106	古代神祕學院入門書——超感應能力與脈輪開通訓練	道格拉斯・德龍	陶世惠	270

ST01107	曼陀羅小宇宙——彩繪曼陀羅豐富你的生命	蘇珊・芬徹	游琬娟	300
ST01108	家族系統排列治療精華——愛的根源回溯找回個人生命力量	史瓦吉多	林群華、黃翎展	380
ST01109	啟動神祕療癒能量——古代神祕學院進階療癒技巧	道格拉斯・德龍	奕蘭	280
ST01110	玩多元藝術解放壓力	露西雅・卡帕席恩	沈文玉	350
ST01111	在覺知中創造十大法則	弗瑞德・思特靈	黃愛淑	360
ST01112	業力療法——清除累世障礙，重繪生命藍圖	狄吉娜・沃頓	江孟蓉	320
ST01113	回到當下的旅程——靈性覺醒道路上的清晰引導	李耳納・傑克伯森	鄭羽庭	360
ST01114	靈性成長——與大我合一的學習之路	珊娜雅・羅曼	羅孝英	320
ST01115	如何聆聽天使訊息	朵琳・芙秋博士	王愉淑	220
ST01117	影響你生命的12原型	卡蘿・皮爾森	張蘭馨	400
ST01118	啟動天使之光	黛安娜・庫柏	奕蘭	300
ST01119	天使數字書	朵琳・芙秋博士	王愉淑	250
ST01120	天使筆記書	生命潛能編輯部		200
ST01121	靈魂之愛	珊娜雅・羅曼	羅孝英	350
ST01122	再連結療癒法——來自宇宙能量的治療的奇蹟	艾力克・波爾	黃愛淑	380
ST01123	Alpha Chi 風水九大封印——風水知識的源頭與九大學派的演變	阿格尼・艾克曼 & 杜嘉・郝思荷舍	林素綾	360
ST01124	預見未知的高我	弗瑞德・思特靈	林瑞堂	380
ST01125	邀請你的指導靈	桑妮雅・喬凱特	邱俊銘	380
ST01126	來自寂靜的信息	李耳納・傑伯克森	鄭羽庭	320
ST01127	呼吸的神奇力量	德瓦帕斯	黃翎展	270
ST01128	當靜心與諮商相遇	史瓦吉多	李舒潔	380
ST01129	靈性法則之光	黛安娜・庫柏	沈文玉	320
ST01130	塔羅其實很簡單	M. J. 阿芭迪	盧娜	280
ST01131	22 個今生靈魂課題	桑妮雅・喬凱特	林群華	360
ST01132	跨越 2012——邀請您共同邁向黃金新紀元	黛安娜・庫柏	吳瑩榛	360
ST01133	地心文明桃樂市(第一冊)——第五次元拉姆妮亞的揚昇之道	奧瑞莉亞・盧意詩・瓊斯	陳菲	280

ST01134	齊瑞爾訊息：創世基質	弗瑞德・思特靈	邱俊銘	340
ST01135	開放通靈——如何連結你的指導靈	珊娜雅・羅曼&杜安・派克	羅孝英	350
ST01136	綻放直覺力——打造你的私房通靈工作坊	金・雀絲妮	許桂綿	280
ST01137	點燃療癒之火——靈性治療，最深的靈魂探索	凱若琳・密思博士	林瑞堂	380
ST01138	地心文明桃樂市(第二冊)——人類揚昇的光啟之道	奧瑞莉亞・盧意詩・瓊斯	黃愛淑	300
ST01139	創造生命的奇蹟：“我值得擁有一切美好的改變”	露易絲・賀	蕭順涵	250
ST01140	齊瑞爾訊息：重返列木里亞	弗瑞德・思特靈	林瑞堂	380
ST01141	朵琳夫人教你認識大天使	朵琳・芙秋博士	陶世惠	280
ST01142	克里昂訊息：DNA靈性十二揭密	李・卡羅	邱俊銘	380
ST01143	重拾靈魂悸動	桑妮雅・喬凱特	丘羽先	280
ST01144	朵琳夫人的天使水晶治療書	朵琳・芙秋博士	陶世惠	300
ST01145	喜悅之道（25週年新版）	珊娜雅・羅曼	王季慶	300
ST01146	地心文明桃樂市(第三冊)——第五次元協定：與神合一之道	奧瑞莉亞・盧意詩・瓊斯	黃愛淑	380
ST01147	女人愈熟愈美麗——人生築夢40起跑	莎拉・布洛考	盧秋瑩	350
ST01148	催眠之聲伴隨你（新版）	米爾頓・艾瑞克森&史德奈・羅森	蕭德蘭	360
ST01149	創造生命的奇蹟——你的人生不一樣！	露易絲・賀&雪柔・李察森	江孟蓉	250
ST01150	發現亞特蘭提斯：攜手回歸黃金時代	黛安娜・庫柏&莎朗・赫頓	林瑞堂	380
ST01151	光行者：人間天使工作手冊	朵琳・芙秋博士	林瑞堂	320
ST01152	塔羅逆位牌：逆轉塔羅解牌的視野	瑪莉・K・格瑞爾	林群華	320
ST01153	卡崔娜水晶三部曲之一：水晶光能啟蒙	卡崔娜・拉斐爾	鄭婷玫&陶世惠	300
ST01154	創造生命的力量（隨書附贈內在孩童療癒之旅引導式冥想CD）	露易絲・賀	吳品瑜	280
ST01155	開心曼陀羅	林妙香		280
ST01156	天使之藥（新版）	朵琳・芙秋博士	陶世惠	340
ST01157	願望	安潔拉・唐諾凡	楊佳蓉	300
ST01158	魔法居家整理術	泰絲・懷特赫思特	林群華	300
ST01159	通向宇宙的鑰匙：50種靈性源頭的奧祕（附宇宙音頻CD）	黛安娜・庫柏&凱西・克洛斯威爾	黃愛淑	380
ST01160	創造金錢2013新版：吸引豐盛與人生志業的靈性教導	珊娜雅・羅曼&杜安・派克	羅孝英	350
ST01161	中年不敗：永保魔力的中年生活指南	約翰・歐康乃爾&潔西卡・卡吉爾湯普生	游懿萱	250

ST01162	不費力的靜坐——12歲到100歲都能輕鬆學習的靜坐法	阿嘉彥・波伊斯	舒靈	300
ST01163	卡崔娜水晶三部曲 II ：水晶高頻治療	卡崔娜・拉斐爾	奕蘭	300
ST01164	夢想的顯化藝術	偉恩・戴爾	非語	300
ST01165	凱若琳的人格原型書——10種人格原型認識你是誰	凱若琳・密思	林瑞堂	360

光之冥想系列		作者	譯者	定價
ST13001	創傷療癒——十二階段解除創傷制約（書＋十二段身體創傷工作引導式練習雙CD）	彼得・列汶	黃翎展	480
ST13002	淨化脈輪引導式冥想——晨昏兩段脈輪冥想，全面提升你的靈性力量（書＋引導式冥想雙CD）	朵琳・芙秋博士	陶世惠	480
ST13003	朵琳夫人教你天使療法（引導式冥想CD）：幸福顯化卷	朵琳・芙秋博士	陶世惠	580
ST13004	朵琳夫人教你天使療法（引導式冥想CD）：前世今生卷	朵琳・芙秋博士	陶世惠&周莉萍	580
ST13005	天使之藥引導式冥想（書+中英文4CD）	朵琳・芙秋博士	陶世惠&王培欣	480
ST13006	內在的微笑引導式冥想（書+引導式冥想4CD）	寶拉・賀倫博士	林瑞堂	580

健康種子系列		作者	譯者	定價
ST9002	同類療法I—健康新抉擇	維登・麥凱博	陳逸群	250
ST9003	同類療法II—改善你的體質	維登・麥凱博	陳逸群	300
ST9005	自我健康催眠	史丹利・費雪	季欣	220
ST9010	腦力營養策略	藍格& 席爾	陳麗芳	250
ST9011	飲食防癌	羅伯特・哈瑟瑞	邱溫	280
ST9019	巴哈花療法，心靈的解藥	大衛・威奈爾	黃寶敏	250
ST9021	逆轉癌症——恢復生命力的九大自療療程（附引導式自療冥想CD）	席瓦妮・古曼	周晴燕	250
ST9022	印加靈魂復元療法——跨越時間之河修復生命、改造未來	阿貝托・維洛多博士	許桂綿	280
ST9023	靈氣108問——以雙手傳遞宇宙生命能量的新時代療法	萊絲蜜・寶拉・賀倫	欣芬	240
ST9024	印加巫士的智慧洞見——成為地球守護者的操練與挑戰	阿貝托・維洛多博士	奕蘭	280
ST9025	靈氣為你帶來豐盛——遠離匱乏、體驗豐盛的42天靈氣方案	萊絲蜜・寶拉	胡澤芬	220

ST9026	不疼不痛安心過生活——解除你的疼痛	克利斯．威爾斯&葛瑞姆．諾恩	陳麗芳	280
ST9027	印加能量療法（新版）——一位心理家的薩滿學習之旅	阿貝托．維洛多博士	許桂綿	300
ST9028	靈氣心世界——以撫觸與覺知開展生命療癒	寶拉．賀倫博士	胡澤芬	280
ST9029	印加大夢——薩滿顯化夢想之道	阿貝托．維洛多博士	許桂綿	320
ST9030	聲音療法的7大祕密	強納森．高曼	奕蘭	270
ST9031	靈性按摩——品嚐靜心與能量共鳴的芬芳	莎加培雅	沙微塔	450
ST9032	肢體療法百科——身心和諧之旅的智慧導航	瑪加．奈思特	邱溫	360
ST9033	身心合一（新版）——探索肢體心靈的微妙互動	肯恩．戴特活德	邱溫	320
ST9034	療癒之聲——探索諧音共鳴的力量	強納森．高曼	林瑞堂	270
ST9035	家族排列釋放疾病業力	伊絲．庫什拉博士&克里斯帝．布魯格	張曉餘	320
ST9036	與癌細胞和平共處	麥克．費斯坦博士&派翠西亞．芬黎	江孟蓉	320
ST9037	創造生命的奇蹟：身體調癒A-Z	露易絲．賀	張學健	280
ST9038	身心調癒地圖	黛比．夏比洛	邱溫	360
ST9039	靈性治療的藝術——連結療癒的能量成為治療者	凱思．雪伍	林妙香	300
ST9040	當薩滿巫士遇上腦神經醫學	阿貝托．維洛多博士&蒲大衛醫師	李育青	380
ST9041	零癌症——呂應鐘教授的身心靈完全健康之道	呂應鐘		320
ST9042	沒有治不好的病：學會身鏡系統，活出一切都能療癒的實相	馬汀．布洛夫曼	林群華	320
ST9043	22篇名人大腦故事，帶你遨遊神祕的腦神經世界	羅伯．卡普蘭	楊仕音&張明玲	380
ST9044	零疾病：劃時代的八識健康法，讓你輕鬆實現無藥的奇蹟	呂應鐘		280
ST9045	花之療法：88種花朵的療效與訊息	朵琳．芙秋博士&羅伯．李維	陶世惠	360
ST9046	班傑的奇幻漂浮——從明星到成為漂浮大使	班傑Benji		280
ST9047	身心靈完全療法——醫學、肯定語與直覺的東西方會診	露易絲．賀 & 蒙娜麗莎．舒茲	張明玲	360

奧修靈性成長系列		作者	譯者	定價
ST6002	勇氣——在生活中冒險是一種喜悅	奧修	黃瓊瑩	300
ST6003	創造力——釋放內在的力量	奧修	李舒潔	280
ST6012	蘇菲靈性之舞—讓自我死去的藝術	奧修	沈文玉	320
ST6013	道——順隨生命的核心	奧修	沙微塔	300
ST6016	歡慶生死	奧修	黃瓊瑩	300
ST6019	脈輪能量書I——回歸存在的意識地圖	奧修	沙微塔	250
ST6020	脈輪能量書II——靈妙體的探索旅程	奧修	沙微塔	250
ST6022	自由——成為自己的勇氣	奧修	林妙香	280
ST6023	奧修談禪師馬祖道一——空無之鏡	奧修	陳明堯	280
ST6024	奧修談禪師南泉普願——靈性的轉折	奧修	陳明堯	280
ST6026	女性意識——女性特質的慶祝與提醒	奧修	沈文玉	220
ST6027	印度，我的愛——靈性之旅	奧修(附「寧靜乍現」VCD）	陳明堯	320
ST6028	奧修談禪師趙州從諗——以獅吼喚醒你的自性	奧修	陳明堯	250
ST6029	奧修談禪師臨濟義玄——超脫理性的師父	奧修	陳明堯	250
ST6030	熱情——真理、神性、美的探尋	奧修	陳明堯	280
ST6032	靜心春與夏——奧修與你同在	奧修	陳明堯	220
ST6033	靜心秋與冬——奧修與你同在	奧修	陳明堯	220
ST6034	蓮花中的鑽石——寂靜之聲與覺醒之鑰	奧修	陳明堯	320
ST6035	男人，真實解放自己	奧修	陳明堯	300
ST6036	女人，自在平衡自己	奧修	陳明堯	300
ST6037	孩童，作自己的自由	奧修	林群華	320
ST6038	愛、自由與單獨	奧修（附演講 DVD)	黃瓊瑩	350
ST6039	奧修談禪	奧修（附演講 DVD)	陳明堯	280
ST6040	奧修談情緒	奧修（附靜心音樂 CD）	沈文玉	280
ST6041	奧修自傳：叛逆的靈魂	奧修(附演講 DVD 及典藏卡)	黃瓊瑩	450
ST6042	奧修談身心平衡	奧修(附靜心音樂CD及典藏卡)	陳明堯	300
ST6043	靈魂之藥——奧修教你最簡單有效的103種身心放鬆法	奧修(附演講 DVD 及典藏卡)	陳明堯	280
ST6044	與先哲奇人相遇	奧修(附演講 DVD 及典藏卡)	陳明堯	320
ST6045	奧修談瑜伽——提升靈魂的科學	奧修(附演講 DVD 及典藏卡)	林妙香	280
ST6046	奧修談勇氣——在生活中冒險是一種喜悅	奧修(附演講 DVD 及典藏卡)	黃瓊瑩	300
ST6047	奧修談自我——從幻象邁向自由	奧修(附演講 DVD 及典藏卡)	莎薇塔	380
ST6048	奧修談成熟——重新看見自己的純真與完整	奧修(附演講 DVD 及典藏卡)	黃瓊瑩	280

ST6049	奧修談覺察——品嘗自在合一的佛性滋味	奧修(附演講 DVD 及典藏卡)	黃瓊瑩	280
ST6050	奧修談直覺——超越邏輯的全新領悟	奧修（附演講DVD）	沈文玉	280
ST6051	奧修談恐懼——了解並接受生命中的不確定	奧修（附演講DVD）	陳伊娜	300

心靈塔羅系列		作者	譯者	定價
ST11009	聖者天使神諭卡（44張聖者天使神諭卡＋書＋絲絨袋）	朵琳・芙秋博士	林素綾	850
ST11010	白鷹醫藥祕輪卡（46張白鷹醫藥卡＋書＋絲絨袋）	瓦納尼奇&伊莉阿娜・哈維	邱俊銘	850
ST11011	生命療癒卡（50張療癒卡＋書＋絲絨袋）	凱若琳・密思博士&彼德・奧奇葛羅素	林瑞堂	850
ST11012	天使療癒卡（44張天使療癒卡＋書＋絲絨袋）	朵琳・芙秋博士	陶世惠	850
ST11014	神奇美人魚與海豚指引卡（44張指引卡＋書＋絲絨袋）	朵琳・芙秋博士	陶世惠	850
ST11015	亞特蘭提斯神諭占卜卡（44張亞特蘭提斯卡＋書）	黛安娜・庫柏	羅孝英	780
ST11016	聖地國度神諭占卜卡（44張聖地國度神諭占卜卡＋書＋絲絨袋）	柯蕾・鮑隆瑞	王培欣	850
ST11017	守護天使指引卡（2012年新版）（44張守護天使卡＋書＋絲絨袋）	朵琳・芙秋博士	陶世惠	850
ST11018	女神神諭占卜卡（2013年新版）（44張優美女神卡＋書＋絲絨袋）	朵琳・芙秋博士	陶世惠	850
ST11019	浪漫天使指引卡（44張浪漫天使卡＋書＋塔羅絲絨袋）	朵琳・芙秋博士	周莉萍	850
ST11020	揚昇大師神諭卡（2013年新版）（44張揚昇大師卡＋書＋絲絨袋）	朵琳・芙秋博士	鄭婷玫	850
ST11021	天使塔羅牌（78張天使塔羅牌＋書＋塔羅絲絨袋）	朵琳・芙秋博士＆羅賴・瓦倫坦	王培欣＆王芳屏	980
ST11022	神奇精靈指引卡（2014年新版）（44張神奇精靈卡＋書＋塔羅絲絨袋）	朵琳・芙秋博士	陶世惠	850
ST11023	大天使神諭占卜卡（2014年新版）（45張大天使卡＋書＋塔羅絲絨袋）	朵琳・芙秋博士	王愉淑	850
ST11024	靛藍天使指引卡（44張靛藍天使卡＋書＋塔羅絲絨袋）	朵琳・芙秋博士＆查爾斯・芙秋	王培欣	850

生命學堂系列		作者	譯者	定價
ST14001	胖女孩的食戰童年： 一個非關減重的真實故事	茱蒂絲・摩爾	林冠儀	250
ST14002	死亡晚餐派對：15樁真實醫學探案	強納森・艾德羅醫師	江孟蓉	280
ST14003	遇見紐約色彩的心理治療督導	陳瀅妃		450
ST14004	記憶的照護者——阿茲海默症的侵略軌跡與照護歷程	安卓亞・吉利斯	許桂綿	420
ST14005	瞥見永恆：共歷死亡經驗的真實故事分享	雷蒙・穆迪博士& 保羅・裴瑞	江孟蓉	250
ST14006	記憶牆：七篇捕捉記憶風景的故事	安東尼・杜爾	丘淑芳	320
ST14007	若不是荒野，我不會活下去	崔西・羅斯	張明玲	320
ST14008	奇貓奇遇：盲貓荷馬的冒險旅程	葛雯・庫柏	呂敏禎	320
ST14009	潘朵拉的12個禮物：愛與寬恕的自我療癒之路	陳卓君		280
ST14010	貓咪禪師的12堂課：和貓咪學坐禪	凱特・譚斯	黃春華	250
ST14011	我不是大女人：但我將告訴你，如何成為一個真正的女人	凱特琳・莫倫	舒靈	360
ST14012	說進動物心坎裡：跟著當代動物溝通導師走進動物心世界	瑪格瑞・寇慈	許桂綿	300

心靈成長系列 165

凱若琳的人格原型書：十種人格原型認識你是誰

原著書名／Archetypes: Who Are You?

作　　者｜凱若琳・密思（Caroline Myss）
譯　　者｜林瑞堂
編　　輯｜黃品瑗
主　　編｜王芳屏
經　　理｜陳伯文
發 行 人｜許宜銘

出版發行｜生命潛能文化事業有限公司
聯絡地址｜台北市信義區 (110) 和平東路3段509巷7弄3號B1
聯絡電話｜(02) 2378-3399
傳　　真｜(02) 2378-0011
郵政劃撥｜17073315（戶名：生命潛能文化事業有限公司）
E-MAIL｜tgblife@ms27.hinet.net
網　　址｜http://www.tgblife.com.tw
郵購單本九折，五本以上八五折，未滿1000元郵資60元，購書滿1000元以上免郵資

總 經 銷｜吳氏圖書有限公司・電話｜(02) 3234-0036
內文編排｜菩薩蠻數位文化有限公司・電話｜(02) 2917-0054
印　　刷｜承峰美術印刷・電話｜(02) 2225-7055
版　　次｜2014年6月1日初版
定　　價｜360元

ISBN：978-986-5739-10-2
Archetypes: Who Are You?

國家圖書館出版品預行編目(CIP)資料

凱若琳的人格原型書／凱若琳・密思（Caroline Myss）著；林瑞堂譯.
-- 初版. -- 臺北市：生命潛能文化，2014.06
面；公分. --（心靈成長系列；165）
譯自：Archetypes: Who Are You?
ISBN 978-986-5739-10-2（平裝）
1.自我實現

177.2　　103008464